Jens Mariposa

AF237258

Breite die Flügel aus und liebe!

Von der Sehnsucht nach der Sehnsucht

Breite die Flügel aus und liebe!

Von der Sehnsucht nach der Sehnsucht

Die „Sehnsucht nach der Sehnsucht" (Danke Peter für diesen Ausdruck) ist in mir ziemlich ausgeprägt. Lange Zeit hat eine Stimme in mir geflüstert: „Es wird ja doch nichts." Und dann wurde es auch nichts. Diese Stimme ist immer noch da und versucht mich weiterhin, vor Enttäuschungen und Fehlern zu bewahren. Aber sie sitzt nicht mehr am Steuer. Eine zweite Stimme in mir ist viel lauter geworden, die mir sagt: „Du bist ein Schmetterling, also breite einfach die Flügel aus und liebe!" Das funktioniert seit einer Weile schon ganz gut, und heute, als ich diesen Text schreibe, an dem Tag, an dem das Buch eigentlich schon fertig gedruckt sein sollte, tauchte dieser Satz in mir auf: „Ich kann jetzt die Rüstung auch mir selbst gegenüber ablegen."

Denn bis jetzt gab es doch immer noch genug Momente, in denen ich gegen mich selbst gekämpft habe. In denen ich mir selbst gesagt habe: „Das schaffst Du ja doch nicht" oder mich selbst mitleidig belächelt habe, wenn ich große Visionen hatte. Und während ich bei allen anderen Menschen den Glaubenssatz „Jeder Mensch gibt zu jedem Zeitpunkt sein Bestes" gut anwenden konnte, habe ich mir meine eigenen Fehltritte nicht verziehen. Dabei lernt nur laufen, wer vorher oft genug gestolpert ist und Umwege erhöhen die Ortskenntnis. Und so schließe ich heute Frieden mit mir und schließe dieses Vorwort mit den schönen Worten, die Max gesagt hat: „Es gibt nur einen Kampf, der sich lohnt: Der Kampf FÜR etwas!"

Jens Mariposa

Breite die Flügel aus und liebe!

Von der Sehnsucht nach der Sehnsucht

Bibliografische Information der Deutschen Nationalbibliothek: Die
Deutsche Nationalbibliothek verzeichnet diese Publikation in der
Deutschen Nationalbibliografie; detaillierte bibliografische Daten
sind im Internet über dnb.dnb.de abrufbar.

Herstellung und Verlag:
BoD – Books on Demand, Norderstedt
ISBN: 9783752661323

Inhalt

I

Herr Jens

"Wer ist das eigentlich, dieser 'Herr Jens' hier, der hat sich noch gar nicht richtig vorgestellt!" bemerkte meine Kollegin Iris im Jahr 2000 sehr richtig - wir hatten uns bis dahin nur mit Vornamen angesprochen und wussten nicht viel voneinander. Und da niemand gezwungen ist, den gleichen Fehler zweimal zu machen, zieht "Herr Jens" an dieser Stelle seine Mütze und erzählt ein bisschen was von sich.

Geboren ist er im Jahr 1979 und wohnt seitdem in der südniedersächsischen Eselstadt Hardegsen. Über den Kindergottesdienst findet er den Weg in die Evangelische Jugend, er denkt sehr gerne an "masch", "Konfi-Tage" und "KKJK" zurück und die fundierte Jugendgruppenleiter-Ausbildung der Diakone Michael Krieg und Torge Peterson prägt ihn bis heute.

Schon in der Grundschule stand für ihn fest: "Wenn ich groß bin, werde ich Busfahrer!" - spätestens seit ihn der liebe Bahnbusfahrer Jochen einmal auf den Fahrersitz gehievt hat. Fast hätte es die doofe Realität geschafft, ihn davon abzubringen, doch Gott sei Dank ist sein Kumpel Marco genauso bekloppt wie er und so machen sie im Jahr 2000 gemeinsam den "KOM-Schein." Und so dreht er seitdem nebenberuflich seine Runden - zur Hardegser Weperschule, im Northeimer "Dorfbus", später sogar im Oldtimer-Doppeldecker, mal über die Berliner Havelchaussee und mal die "Volpriehäuser Stadtrundfahrt", wenn Kevin keine Zeit hat. Sich diesen Kindheitstraum zu erfüllen, war eine der besten Entscheidungen seines Lebens.

Hauptberuflich zog es ihn dann aber auf die Schiene. Gerne sagt er scherzhaft: "Richtig gearbeitet habe ich noch nie - ich war schon immer bei der Bahn." Und so beginnt er 1995 seine ersten Fahrscheine im Kleinstadtbahnhof Uslar zu verkaufen - nichtahnend, dass er viele Jahre später genau dort einmal auf einer Poetry-Slam-Bühne auftreten wird. In seinem Zivildienst macht er fast dasselbe wie bei der Bahn: Behindertentransport. Auf seinem "Heimatbahnhof" Hannover ist er lange Zeit als Diensteinteiler tätig, bevor er nach einem Intermezzo bei der "Gummibärenbande" schließlich im Zugbegleitdienst landet. Heute tourt er also nicht nur als Poet durch Deutschland, sondern auch als ICE-Zugchef zwischen Kiel und München, Köln und Berlin.

Auf der "Jungen-Gitarre" spielt er seit der 5. Klasse, sehr gerne zum Beispiel Lieder von Reinhard Mey. Zwischendurch war sie einige Zeit eingestaubt, jetzt möchte er sie wieder regelmäßig benutzen. Seine Lieblingszahl ist 42, er mag es, die Kruste von Crème brûlée mit dem Löffel zu knacken, sowie Filme, die davon handeln. Er liebt Ironie und trockenen Humor. In seiner Wohnung hängen Bilder von Michael Sowa und Karindrawings sowie Portraits von Ernie & Bert und Waldorf & Statler. Wenn er nicht gerade Texte von sich in der dritten Person schreibt, verbringt er gerne Zeit im Schwimmbad oder an seinem Wachsbergwerk. Als bekennender Prokrastinierer bleibt er meist seinem Lebensmotto treu: "Nichts ist so dringend, dass es nicht durch Abwarten noch Dringender werden könnte."

Fun-Fact: Als ein wutschnaubender Reisender einmal aufgrund der Tatsache, dass er den bereits rollenden ICE nicht extra für ihn noch einmal angehalten hatte, nach seinem Namen fragte, antwortete er wahrheitsgemäß mit seinem Nachnamen. Der Reisende aber sah misstrauisch sein gerade auf dem Tisch abgelegtes "Rotkäppchen" an, auf dem der von Iris verwendete Spitzname stand. So wird vermutlich irgendwo im Bahnarchiv noch eine nicht zuordenbare Beschwerde über diesen unverschämten "Herrn Jens" liegen...

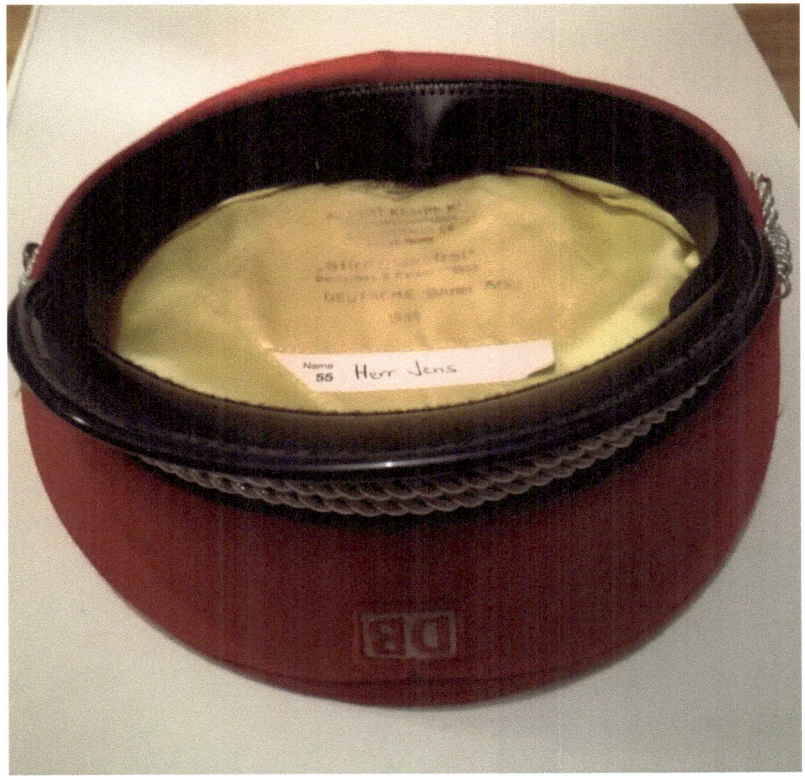

Für Opa
(gewidmet meinem lieben Opa Richard Teuteberg,
* 24.09.30 + 22.05.19)

„Vom Himmel fehlt ein kleines Stück,
ich sehe es von hier:
Die Lücke, die sich nie mehr schließt,
sie hat die Form von Dir"
(Julia Engelmann)

Ich seh Dich noch da sitzen,
im Landhotel Am Rothenberg,
das war ein schöner Augenblick,
den ich mir sehr gerne merk!

Ich seh Dich noch da sitzen,
mit Frau Puchmüller auf der Bank,
das war ein schöner Anblick,
für die Erinnerung hab Dank.

Ich seh Dich noch da sitzen,
am Wohnzimmertisch auf Deinem Platz,
denk an die schönen Spieleabende,
doch werd ich traurig bei dem Satz.

Denn jetzt sitz ich hier - alleine,
an Deinem Tisch, doch ohne Dich.
Nun kann ich nicht mehr mit Dir reden
und darum wohl frag ich mich...

Ich seh Dich noch da sitzen,
den Beipackzettel in der Hand
und eine Woche später hattest
Du jede Krankheit, die da stand.

Ich seh Dich noch da sitzen,
warum hab ich Dich nie gefragt,
woher kam nur Deine Angst?
Vielleicht hättest Du mir ja gesagt
wie es ist, im Krieg zu leben,
welche Greuel es da gibt.
Vielleicht hätt ich Dich noch mehr verstanden,
vielleicht hätt ich Dich noch mehr geliebt.

Ich seh Dich noch da liegen,
in Deinem Bett im Krankenhaus.
Du wolltest mir so gern was sagen,
Deine Stimme ließ keine Worte raus.

Und doch bin ich unendlich dankbar
für diesen, Deinen letzten Tag!
Für die Zeit, Deine Hand zu halten,
Dir zu sagen, dass ich Dich mag.

Bin dankbar für die letzten Wochen,
diese traurigschöne Zeit,
für die Menschen um Dich rum,
so herzlich und so hilfsbereit!

Der Arzt, der alle Zeit der Welt sich nimmt,
alles verständlich-nisvoll erklärt,
der die schlimmste Nachricht etwas mildert,
wenn man es so einfühlsam erfährt.

Die Schwester, die Dich liebevoll umsorgt,
die Dir Trinkwattestäbchen bringt,
die, wenn sie "Ach, der Arme" sagt
fast selber mit den Tränen ringt.

Der Bettnachbar, der Dir sogar das Essen
vom Teller in den Mund gebracht,
und sagt: "Lasst ihn doch nach der Schwester klingeln,
wenn ihn das nunmal glücklich macht!"

Deine Tochter, die Dich jeden Tag besucht
und auch, wenn nicht alles einfach ist,
immer das Gute in Dir sieht
und die Dich heute sehr vermisst.

Doch vor allem bin ich dankbar
für die 40 Jahre hier mit Dir!
Solang ich an Dich und Oma denke
seid ihr beide ja noch hier!

Ich seh mich noch da liegen,
in Eurem Bett geht es mir gut,
ich hör Benjamin Blümchen
und ihr beide macht mir Mut.

Ich seh mich noch da sitzen,
Kakao und Bananenbrot mit Keks,
ich war immer gern bei Euch zu Hause
war ich auch sehr viel unterwegs.

Ich seh Dich noch da liegen,
und Du fragst: "Wo fährst Du hin?"
und Du wünscht mir gute Reise,
ganz egal, wo ich auch bin.

Ob im ICE nach Hamburg
oder zum Julia-Engelmann-Konzert,
ob den Bus zur Weperschule,
Dein Wunsch war immer mir viel wert!

Wo immer Du auch heute sein magst:
Grüß Oma schön von mir!
Und ich möchte, dass ihr wisst:
Ich denke an Euch - hier.

Meine Worte gehn zu Ende
und wenn mir nur noch ein Satz blieb',
dann möchte ich Dir sagen:
Wir haben Dich sehr lieb!

Für Peter

(gewidmet meinem lieben Busfahrerkollegen
Peter Goschka, * 20.06.44 + 10.06.19)

„Was bleibt ist Deine Liebe, sind Deine Jahre voller Leben
und das Leuchten in den Augen aller, die von Dir erzählen."
(Julia Engelmann)

Die Tour heut hätt ich lieber nicht gemacht,
hab Montag noch an Dich gedacht,
wir haben letztens doch noch so gelacht,
jetzt schon hast Du Dich aus dem Staub gemacht.

Mit Dir gab's immer was zu lachen!
Wer soll jetzt Deine Späße machen?
Wird jetzt ein Engel bei Dir wachen?
Und kringelt der sich schon vor Lachen?

Ich werde oft noch an Dich denken!
Würd Dir gern noch ein paar Jahre schenken,
doch da kann ich mich noch so sehr verrenken…
Für Peter - In Liebe und Gedenken

Für Sasskia

Liebe Sasskia,
keine Ahnung, ob Du das lesen kannst,
dort, wo Du jetzt bist.
Doch ich möchte, dass Du weißt:
Ich hab Dich heute sehr vermisst!

Mag sein, Du siehst mir das nicht an,
vielleicht kannst Du von außen das nicht sehen.
Doch innerlich berührt mich sehr,
was gestern ist mit Dir geschehen.

Gestern kam nach der Schreckensnachricht
statt der Traurig- Müdigkeit
und natürlich tut mir einerseits
das alles so unendlich leid.

Trotzdem gab es bei mir bislang
noch keinen Riesen-Tränen-Schwall,
doch glaub mir, wenn Du das jetzt liest:
Ich vermiss Dich überall.

Heut morgen auf der Tour für Peter
war'n meine Gedanken oft bei Dir.
Wenn Peter vielleicht gerade bei Dir ist,
dann grüß ihn bitte lieb von mir!

Frühstück gibt es für mich in letzter Zeit
normalerweise keins.
Beim ausgedehnten Frühstück heute
da warst Du Thema Nummer eins.

Dann ging irgendwie für mich der Alltag weiter,
Papa sagte, er hat Sven gefragt:
Er schafft das vorerst ohne Hilfe -
sonst hätt ich alles abgesagt.

So hab ich mich dann auf dem Sofa
eine Weile ausgeruht.
Die Bahnen, die ich zog im Freibad,
taten Körper und Seele gut.

Danach führte mich mein Weg nach Wunstorf,
an den Auen dort ist's wunderschön!
Hab den "gelernten Beamten" dann besucht,
hab ihn solang nicht mehr gesehen...

Vom Abend will ich Dir unbedingt erzählen,
denn "untold stories disappear".
Ich habe ihn so sehr genossen,
ich war so so gerne "here"!

Bei jedem Lied, das ich höre, spür ich:
Genau hier soll ich heut Abend sein.
Und ich sag aus tiefstem Herzen:
I am very very fine!

Kurz fragt mich mein innerer Zweifler
ob ich wegen Dir jetzt nicht traurig seien sollt?
Doch ich glaub, wie ich Dich kenne
hättest Du das gar nicht gewollt.

Deine liebevoll-fröhlich- herzensgute Art
ist doch, was ich so an Dir mag.
Und ich denke an uns zwei im Strandkorb:
Das war ein wundervoller Tag!

Wie gut, dass ich dem Ruf meines Herzens folgte,
denn das war eine schöne Zeit!
Dass wir uns dadurch mehrmals trafen,
das hat mich wirklich sehr gefreut!

Vor kurzem haben wir Dich noch gesehen,
wie Sven und Du Vanessa und mir gewunken habt.
Glaub mir, auch diese Story wird ab sofort
in meinem Herzen aufbewahrt!

Was ich Dir also eigentlich nur sagen möchte:
Ich habe heute oft an Dich gedacht!
Und wo immer Du jetzt sein magst:
Ich wünsch Dir eine gute Nacht!

In Liebe

Dein Bruder

Mein Soundtrack zum Text:
RABEA - Here

Schwerelos

Am vorletzten Wochenende bin ich nach Berlin gefahren, um den Sternenhimmel zu betrachten. Dort gibt es einen sehr schönen Ort, wo das auch um 14 Uhr wunderbar geht.

Ich hatte mich schon sehr auf meinen Sonnenuntergang gefreut, aber leider waren es diesmal nicht Jimmy Eat World, die ihn musikalisch untermalt haben: Was für eine große Rolle doch die Musik für meine Gefühle und mich spielen!

"I see it around me
I see it in everything
I could be so much more than this"-

Ich habe mich umgeblickt, meinen Platz wiedergefunden, an vergangene Augenblicke gedacht, sie dadurch in mein Jetzt geholt und schöne Bilder in den Sternen gesehen.

So wie jetzt: Ich liege in der Badewanne, denke an den Tag zurück und hole mir ein Stück davon in mein Jetzt. Ich liege hier und höre mir den Saturn an.

"You taught me the courage of stars before you left.
How light carries on endlessly, even after death."

Ich finde das sehr tröstlich, über die Sterne nachzudenken: Das Licht, das wir heute sehen können, ist teilweise 100.000 Jahre alt! Das Licht der Sterne strahlt weiter, selbst über ihren Tod hinaus.

Nun sind innerhalb kurzer Zeit gleich drei Menschen gestorben, die ich sehr gemocht habe: Mein Opa, Peter und meine Schwester. Das Licht, das sie ausgestrahlt haben, wird aber endlos weiterscheinen.

"You say it one more time
That the universe was made
Just to be seen by my eyes"

Ich mag die Vorstellung, dass es das Universum nur gibt, damit wir es mit unseren Augen sehen können. Niemand hat an Euch drei dieselben Erinnerungen wie ich. Niemand hat vor zwei Wochen den künstlichen Sternenhimmel so gesehen wie ich und niemand hat dabei dieselben Gedanken gedacht und dieselben Gefühle gefühlt.

Und dann war da noch dieser Überraschungsmoment, als die Show schon vorbei war: Auf dem Weg treppabwärts konnten wir aus dem Fenster die Rosinenbomber sehen! Zwar hatte ich gehört, dass sie anlässlich des Luftbrückenjubiläums fliegen würden, aber nie damit gerechnet, sie fast vor der Nase live zu sehen... Das war schon beeindruckend!

Nicht, dass ich einen besonderen Faible für Kriegsflugzeuge hätte, aber in diesem Falle erinnern sie ja an eine noble Aufgabe: Die Versorgung von den Menschen in Berlin mit lebenswichtigen Gütern.

Noch beeindruckender finde ich, wie der Spitzname für die Flugzeuge zustande kam: Ein Pilot fing an, Schokoladentafeln an Taschentücher zu binden und sie vor der Landung über Berlin abzuwerfen. Die Idee zog Kreise und es wurden immer mehr Flugzeugbesatzungen, die Süßigkeiten für die wartenden Kinder an selbstgebastelten Fallschirmen abwarfen: Schokolade, Kaugummi - und Rosinen.

Wie wunderbar also, daran zu erinnern, dass es in der schweren Zeit der Blockade auch schöne Momente gab: Kindern eine Freude machen! Und Kinder behalten ihre Freude nie für sich, sondern geben sie ungefiltert weiter. So waren zwei sehr schöne Momente für mich gestern, als ich das tolle Foto von Samuel und mir erhielt und als mich die Weperschulkinder im Supermarkt erkannten und fröhlich riefen: "Du bist doch unser Busfahrer!"

"With shortness of breath, I'll explain the infinite
How rare and beautiful it truly is that we exist."

Ja, selbst wenn ich eines Tages unter Atemnot leide, möchte ich noch die Unendlichkeit erklären und wie wertvoll und wundervoll wirklich-wirklich allein die Tatsache ist, dass wir existieren.

Ich höre den Merkur und manchmal fühle ich mich selber wie in einer Warteschleife, um mich selbst zu finden. Gott weiß, ich bin selbst eine Dissonanz, die darauf wartet, schnell in Einklang gebracht zu werden.

Denn wenn mir die Worte von Vanessa so weh tun, dann wohl, weil ich mir selbst noch nicht verziehen habe. Weil der innere Zweifler mir unbewusst immer wieder ins Ohr flüstert: "Mein Gott, was hast Du nur alles falsch gemacht!" Weil es mir so schwer fällt, ganz bewusst anzuerkennen: Ja, heute würdest Du vieles besser machen, aber zu dem Zeitpunkt hast Du Dein Bestes gegeben. Vielleicht sollte ich es machen wie der Tag und mir selbst liebevoll ins Ohr flüstern: "Nein, Du hast alles richtig gemacht: An mich und Dich und die Andern gedacht."

Und wenn meine Mutter sagt, dass mein Bruder "versucht" zur Beerdigung meiner Schwester frei zu kriegen, dann bringt mich das deshalb auf die Palme, weil ich den Eindruck habe, dass meine Werte verletzt sind. Authentizität, Liebe und Familie stehen da an oberster Stelle. An den Tagen, an dem mein Opa im Sterben lag oder an dem meine Schwester beerdigt wird, steht für mich felsenfest, wo ich hingehöre. Da habe ich überhaupt nicht gefragt, ob ich frei kriege, sondern nur Bescheid gesagt, warum ich nicht zur Arbeit kommen werde. In einer Firma, die hierfür kein Verständnis hat, würde ich auch auf Dauer gar nicht arbeiten wollen.

Gott sei Dank stellt sich in meiner Welt diese Frage nicht: Da gab es weder Diskussionen noch Vorwürfe, sondern tröstende Worte mit auf meinen Weg. Dafür bin ich sehr dankbar. Und gleichzeitig schaffe ich es selbst nicht, diese Werte konsequent zu leben, verpasse eine weitere Chance, das über "gewaltfreie

Kommunikation" erlernte endlich in der Praxis anzuwenden und werde stattdessen laut und gehe einfach weg.

Vielleicht ist es auch an dieser Stelle wieder der innere Zweifler, der mir ins Ohr flüstert: "Du trauerst doch selber nicht genug! Guck Dich doch mal an, Deine Schwester ist erst einen Tag tot und Du sitzt da auf einem Festival und freust Dich glücklich über schöne Musik!" Und auf der einen Seite hat er ja Recht: Wenn Trauer in vergossenen Tränenlitern gemessen würde, dann könnte der Eindruck entstehen, mich ließe das alles kalt. Und tatsächlich sind es wahrscheinlich zum einen mein unkonventionelles Verständnis von Zeit und zum anderen meine innere Gesamthaltung, die dafür verantwortlich sind, dass ich mich lieber über die vielen schönen Momente mit Euch Dreien freue, statt daran zu leiden, dass es vorbei ist. Keine Ahnung, ob das richtig ist.

Jedenfalls möchte ich im ersten Moment nicht nur Euch Dreien, sondern auch meinem inneren Zweifler zurufen: "Rest in Peace, my friend!" Im zweiten Moment bin ich ihm aber auch dankbar, dass er mich schon vor vielen potentiellen Fehlern bewahrt hat und möchte ihn nach Hause einladen.

Ich höre Pluto and
I wake up more awake than I've ever been before
So show me where my armor ends,
show me where my skin begins.
The heaviness that I hold in my heart belongs to gravity.

Heute fühle ich mich schwerelos und freue mich auf dieses Wochenende, auf die schönen, die wunderschönen und die traurigschönen Momente!

Mein Soundtrack zum Text:

Sleeping At Last - Saturn // Mercury // Pluto

Für meine Eltern

Liebe Mama, lieber Papa,
wie ich Euch das am besten sagen kann
überlege ich schon eine Weile...
Ihr beide seid für mich viel mehr
als die Summe Eurer Teile.

Ihr beide seid die Menschen,
die ich am allerlängsten kenne.
Tausend Gründe, Euch zu danken,
wovon ich heute drei nur nenne.

Manchmal erschrecke ich mich fast:
40 Jahre ist es her,
dass ihr mich auf die Welt gebracht,
dafür danke ich Euch sehr.

Heute ist perfekt dafür, darum sei Euch gesagt:
Danke für das Leben, das ihr mir gegeben habt.

Julia Engelmann sagt:
Familie ist wie ein Mobile,
alle Teile sind verbunden
und ist das Band auch unsichtbar
ist es doch nie verschwunden.

Wenn einer sich davon bewegt,
bewegen alle anderen sich mit.
Ich liebe dieses Bild und spür:
Ihr bewegt mich bei jedem Schritt.

In meinem Familien-Mobile,
da seid ihr beide spitze.
Egal, in welchem Zug, in welcher Stadt,
auf welchem Stuhl ich sitze:

Eure Gedanken, Eure Liebe
sind immer auch ein Teil von mir
und dafür will ich DANKE sagen,
heute, jetzt und hier!

Ich mein, solang ich denken kann
hat es mir an nichts gefehlt.
Ihr gabt mir Nahrung und Wärme,
Liebe und alles, was zählt.

Und natürlich gab es Tage,
da habe ich Euch zwei verflucht,
die Fehler statt in mir
manches Mal in Euch gesucht.

Doch die Wahrheit ist:
In dem Nest, das ihr gebaut habt,
ging es mir immer mehr als gut.
Heute und hier sehe ich, wie
unglaublich gut mir Eure Liebe tut.

Heute ist perfekt dafür, darum sei Euch gesagt:
Danke für das Zuhause, das ihr mir gegeben habt.

Julia Engelmann sagt:
Familie ist wie ein Mobile,
alle Teile sind verbunden
und ist das Band auch unsichtbar
ist es doch nie verschwunden.

Wenn einer sich davon bewegt,
bewegen alle anderen sich mit.
Ich liebe dieses Bild und spür:
Ihr bewegt mich bei jedem Schritt.

In meinem Familien-Mobile,
da seid ihr beide spitze.
Egal, in welchem Zug, in welcher Stadt,
auf welchem Stuhl ich sitze:

Eure Gedanken, Eure Liebe
sind immer auch ein Teil von mir
und dafür will ich DANKE sagen,
heute, jetzt und hier!

Vom ersten Tag auf dieser Welt
wart ihr beide für mich da,
das war für mich selbstverständlich,
doch heute ist mir klar:

Euch beide als Eltern zu haben
ist ein unglaubliches Geschenk
und ich möchte, dass ihr wisst,
dass ich immer daran denk!

Und ich weiß: Nichts bleibt für immer,
aber vielleicht wenn ich
Euch dieses Gedicht heut schreib
werdet ihr ein Stück unendlich.

Heute ist perfekt dafür, darum sei Euch gesagt:
Danke für die Liebe, die ihr mir gegeben habt.

An den Tag (2)

Bei An den Tag ... Riesenbuffet-Book, meine Kamera ... aufgenommen ... ich speichere die Bilder in meinem Hotel...?

Lieber Tag,

Du warst so so so unglaublich schön!
Dein Name Etag erstmal nicht besonders:
22.07.2019
Ich konnte früh Feierabend machen, ein Stück mit Vanessa mitfahren und unterwegs lecker essen.
Da ich einen veganen Tag hatte, musste ich mir den tollen Glasnudelsalat von Louisa allerdings für heute aufheben: Das darin enthaltene Hackfleisch war doch nicht so vegan wie angepriesen...
Wir erreichten „Spätzle-City" ein paar Minuten früher als geplant, wofür sich mein Kollege übers Lautsprecher ausdrücklich entschuldigte. :) Auch ein Hinweis in tiefstem Dialekt „Lasse se ihr Zeug net liege!" sorgte für einige Lacher.
Mit der Buslinie 42 ging es zum Hotel, in dem ich vor einiger Zeit schonmal war.
Dann ging es „Zur Schleckerei": Die „glückliche Kuh" auf meinem Handy empfahl mir eine Eisdiele nur wenige Minuten vom Hotel entfernt, wo es mega-leckeres veganes Eis gab, genau das richtige bei 30 Grad und Sonnenschein... :)

Liebes Tag, so richtig richtig schön wurdest
Du dann am Ufer der Enz. Schon der Weg
dorthin war schön und ich frage mich, ob wir
wohl der Enz - im Blick! und wenn ja, wie lange?
Ein toller Anblick auf Schloss Kaltebrün und
einen Heißluftballon lassen die Wartezeit in der
Schlange schnell vergehen.
Ein Platz mit Super-Ausblick in der zweiten Reihe
findet mich und ich tauche ab ins „Jetzt": ...
„Wir sind Seher ohne Reden, Geber ohne Nehmen,
bereit für jedes Wunder". Vergiss mal die Zeit,
vergiss mal deinen Stress" Ich finde auch:
„die beste Zeit, die ist immer - jetzt".
Mir fällt der Junge im Rollstuhl auf, der schon
jetzt beim ersten Lied so fröhlich förmlich
mittanzt, mit selbstmitgebrachtem Konfetti im
Haar, Im Lauf des Abends werde ich noch
mehrfach zu ihm rübersehen, denn es ist einfach
fantastisch, wie sehr er sich über die Musik
freut - allein für diese Augenblicke schon hat
sich der weite Weg gelohnt. In der Fußrunde geht
Alex mit einem Kilro unter, teilweise rennt sie
sogar, Julias Eltern scheinen heute nicht dabei zu
sein, Julia erzählt der 13 jährigen Paula, dass auch
sie nicht immer auf alle Fragen des Lebens eine
Antwort weiß und noch während ich denke
„Da würde jetzt auch „über die Geduld" gut passen,
zitiert sie Rilke: „Leben Sie jetzt so gut Sie

wurdest
weg
er
blau?
und
des

le
:5
es,
t,

...er die Fragen [die beiden sehen sich, ich weiß auch nicht warum], vielleicht laufen sie dann eines Tages ohne es zu merken in die Arbeit hinein. Ich liebe dieses Zitat und freue mich schon sehr auf das neue Gedicht, in dem es vorkommt! ♡

„Wenn Du eine Farbe wärst, welche wärst Du?" lautet eine Frage und Julia meint: „Geht auch bunt?" Sie überlegt noch etwas hin und her, zwischendurch steht sogar schwarz zur Auswahl, weil sie das gerne trägt. Letztlich wird es dann aber doch bunt mit der Vermutung, dass es in irgendeinem Bernwelt sogar „fröhlicher Gelb" als Tapetenfarbe gibt.

Eine Zuschauerin meint, sie hört so oft die Frage „Was ist Glück für Dich?" und möchte diese gern weiterreichen. Julia übernimmt die Ghostwriter-Rolle, auch wenn Glück für jeden etwas anderes bedeutet. Für sie sind es ganz oft die kleinen Dinge, der frisch gebrühte Kaffee oder wie sie den Wind auf ihrer Radtour durch die wunderschöne Jugend gespürt hat. Ich wünsche mir, ich wäre dabei gewesen und fühle, was heute Glück für mich ist. Das Vogelgezwitscher, die schöne Stimme hören, die Mundwinkel beim Lächeln und das fröhliche Tanzen – vor allem aber die wunderschönen Gedanken! Lieber Tag, viel zu schnell gehst Du zu Ende ... Wir wünschen uns, Du würdest noch ein, zwei, drei oder vier Stunden länger gehen, doch dann flüsterst Du mir zu, dass Du jetzt zu Ende bist ...
Doch ich versprech Dir,
    Ich vergess Dich nicht! ♡ ☺

Ich will meer!

Ich will meer! Jetzt!

Komm, lass uns eintauchen
in die Lücke zwischen zwei Gedanken.
Komm, lass uns Mut
und Geborgenheit tanken.

Komm, lass uns eintauchen
ins Jetzt und ins Hier.
Komm, hast Du Lust?
Kommst Du mit mir?

Ich mein, die Frage ist zu spät,
ich war ja gestern schon da.
Doch trotzdem kannst Du mit!
Ganz einfach - und zwar:

Wenn Du Dir jetzt hier
meine Gedanken durchliest
dann zeige ich Dir,
was Du mit meinen Augen siehst.

Und Du sagst: „Heute ist so ein Tag,
an dem ich ans Meer will,
denn da bin ich ziemlich gerne,
das heißt jetzt nicht,
dass ich mich leer fühl –
nur halt irgendwie halbvoll."

Ich les das und spüre:
Jetzt will ich ans Meer!
und ich frag mich, warum
berühren mich Deine Gedanken so sehr?

Ich kenne das Gefühl so gut,
fühle mich auch halt irgendwie halbvoll.
Wenn mich jemand fragt, dann sag ich ehrlich:
Ich fühle mich toll!

Doch ich spüre, das ist längst nicht alles,
ich will unbedingt mehr!
Während ich das spüre
bin ich auf einmal schon in Leer.

Weiter geht es über Emden, ich denke an
schwimmenden Weihnachtsmarkt, Feuerschiff und Otto-Huus
und je mehr wir ans Meer kommen, umso mehr
fühl ich mich tohuus.

Und endlich bin ich an dem Ort,
an dem der Südwind von Norden her weht,
kommt mit, liebe Leser,
ich schreib Euch, was ihr hier seht:

Als erstes ein Frisia-Schiff und ich denk
an letztes Jahr auf Norderney,
wie schwer es ist, giraffisch zu sprechen,
der Lernprozess ist noch immer nicht vorbei.

Und die wundervollen Menschen,
wir sind heut noch am Thema dran.
Wenn wir aus Wolfs- Giraffenburg machen
fühlt es sich wie Zuhause an.

Komm, ich zeig Dir Prielstraße, Seestern
und Kinderspielhaus,
die Erinnerungen an die Urlaube als Kind
sprudeln nur so aus mir raus.

Ich geh vorbei an der Arche,
frag mich, ob Du Kartentelefone kennst?
Ich geh vorbei an der Schaluppe,
hier hab ich schon gedänct!

Ich denke an die „Offen-Brothers"
und die vielen lieben Leute,
das war eine sehr sehr schöne Zeit,
die Gedanken und Umarmungen reichen bis heute.

„Zub Norddeich" disponieren hab ich geliebt,
hier lief einfach alles Hand-in-Hand,
und auch wenn es hier genug davon gibt
steckt den Kopf niemand in den Sand.

Ich denk daran zurück,
wie lang ist das jetzt schon hier?
Und wenn ich daran denke,
dann vermiss' ich Euch sehr!

Bei Noormanns Huss denke ich:
„War das die Pension,
wo Oma und Opa immer waren?
ich denke schon!"

Ich denk daran zurück,
weil lang ist das jetzt schon hier?
Und wenn ich daran denke,
dann vermiss' ich Euch sehr!

Am Deich im Gras liegen
mit Möwenkacke am Bein.
Direkt am Meer –
Hier bin ich gerne allein.

Und es wäre gelogen zu sagen:
„Ich denke gar nicht an Dich!"
Auch wenn Du gar nicht hier bist
berührst Du doch mich.

Ich sehe meine Gedanken
am Horizont schweifen,
höre jemanden nach seinem
Hund gerade pfeifen.

Ich denk an Pumba und Emma
und wie ich sie kurz gestreichelt habe.
War das gut oder falsch
ist eine spannende Frage.

Ich weiß, in dem Moment dachte ich:
Das ist richtig!
Und wenn ich jetzt daran denke,
dann macht es mich glücklich.

Vielleicht bin ich total irre
und das klingt hirnverbrannt,
doch sag, zeigst Du mir
Deinen Timmendorfer Strand?

An Dich denken

Es gäbe so viel, was ich jetzt tun könnte, was ich vielleicht sogar tun sollte:

Einen Text für mein neues Buch schreiben

Aufräumen oder zumindest endlich mal die Klamotten aus der Reinigung in den Schrank legen

Eine Meditation von Veit Lindau anhören

Endlich mal mit meinem Musikprojekt in die Pötte kommen

Endlich mal wieder mich bei Annette melden und fragen, wie es ihr geht

Die Daten auf dem Laptop sichern

Die längst überfällige Steuererklärung in Angriff nehmen

Stattdessen liege ich hier bei minimalem Kerzenschein in der Badewanne, höre Coldplay und...

denke an Dich.

Keine Ahnung, ob das richtig ist.
Keine Ahnung, was ich mir davon erhoffe.
Aber ich lächele, während ich das schreibe und es fühlt sich richtig an. Saurichtig.

„Look how they shine for you" singt Coldplay gerade und das ist es, was ich Dir jetzt gerne ins Ohr flüstern würde: „Was, wenn der Mond und die Sterne nur scheinen, damit Du sie sehen kannst? Was, wenn es diesen Tag nur gibt, damit Du ihn genießen kannst? Und was, wenn es mich nur gibt, damit ich Dich lieben kann?"

Ich weiß, wie verrückt das klingt: Die Sterne kann ich um diese Tageszeit gar nicht sehen. Ich würde gerne Deine Stimme hören und weiß doch, dass das gerade unmöglich ist. Ich habe keine Ahnung, wie weit Du gerade von mir entfernt bist: Räumlich, aber und vor allem auch gefühlt. Wahrscheinlich möchtest Du gar nicht, dass ich an Dich denke.

Und ich weiß, wie ich über Dich denke, sagt viel mehr über mich aus als über Dich. Ich könnte jetzt Schattenarbeit machen und würde vielleicht feststellen, dass ganz viele Dinge, die ich an Dir mag, in Wahrheit Aspekte von mir sind, die ich mag, aber momentan noch nicht voll auslebe.

Aber ich habe da gerade keinen Bock drauf. Ich will mir jetzt Dein Bild anschauen und mir vorstellen, wie ich Deine Hand halte. Dazu die schöne Musik hören, das alles macht mich unglaublich glücklich. Alle Gefühle, die ich fühle haben mit mir zu tun und gar nicht zwingend mit Dir.

Keine Ahnung, ob das richtig ist, aber ich liebe meine Gefühle, wenn ich an Dich denke. Und so werde ich jetzt einfach an Dich denken und aufhören, diesen Text hier zu schrei

Something better than perfection 2

Nearly everything is changing.
The years also changed my view.
But there's still something better than perfection
and the very best is you!

Heut früh hab ich in der "Stephie" hospitiert,
vieles erfahren, in der Kantine gelacht,
mich über "Personalkapazitätsplanung" informiert.
Dieser Tag hat meine Sicht weiter gemacht.

Dann hab ich einen Schrank gesucht,
doch hatte ich kein Glück,
und danach einen Ort besucht -
vielleicht ist das verrückt:

Dort ist ein wunderschönes Bild,
nur ist es nicht mehr zu sehen!
Trotzdem aber wollte ich
auch dorthin heute gehen...

Doch ich weiß ja, dass es da ist
und so kann ich daran denken
und, wer weiß, wenn Du das liest
kann ich Dir meine Worte schenken.

Meine Gedanken dachten sich,
"jetzt sind wir schon mal hier,
dann geh'n wir auch noch um die Ecke,
denn dann sind wir bei Dir!"

Ich meine, ich bin ziemlich gut
im "um-die-Ecke-denken"
und so sah ich Dein Gesicht
ohne den Kopf mir zu verrenken.

Und doch stehn meine Gedanken
auch in den allertollsten Räumen
manchmal vor unsichtbaren Schranken
obwohl sie so gern von Dir träumen.

Heute hab ich es mir bequem gemacht,
hab den Abend sehr genossen,
hab mich sehr gefreut und gelacht
und ein paar Tränen sind geflossen.

Wir sind wie ein Ort voller Baustellen
und ein Kino, bevor es den ersten Film zeigt.
Für Dich würd ich alles und mich hinten anstellen
und ich hab Dir eine Frage geschweigt.

Heute kam ich nicht an Dich ran,
physisch vielleicht, doch nicht so, wie ich kann.
Heute sind wir noch nicht so weit.
Heute brauchen wir noch Zeit.

Heute kommen wir noch nicht Zuhause an.
Heute nicht- doch irgendwann!

Keine Ahnung, ob das richtig ist
und keine Ahnung, ob Du das hier je entdeckst,
doch ich flüster Dir zu, wie wundervoll Du bist:
"Du bist viel besser als perfekt!"

Something better than perfection 3

If somewhere something has to finish,
an other star will be born new!
Yesterday I feel melancholic
now I smile and say 'Juchu'!
Remeber there's something better than perfection!
And the very best's still you!!

Manchmal verstecken sich die schönsten Dinge direkt um die Ecke...

Vielen Dank an das moxy und vor allem natürlich vielen Dank an HERAKUT für die tolle Neuauflage!

Gedanken zum 1. Advent

Meine Gedanken zum 1. Advent kommen erst heute: Gestern war ich noch arbeiten. Vor meinem Urlaub habe ich an meinem eigentlich freien Sonntag noch die Zugchef-Spätbereitschaft übernommen. Dafür konnte ich am Samstag an unserem Bildungsurlaubs-Klassentreffen in Wolfsburg teilnehmen.

Zwar waren wir Samstag krankheitsbedingt nur zu dritt, aber dennoch waren wir "glückliche Giraffen, die sich an den Quellen von Empathie und Verbundenheit gelabt haben".

Der Sonntag schien dann zunächst recht entspannt zu werden: Einmal Pausenablösung nach Wolfsburg, ohne Dienst zurück und dann mit Nadine Glühwein trinken...

In buchstäblich letzter Minute kam dann der Anruf der Leitstelle: Planänderung, geh mal rüber nach Gleis 4. Dort steht seit 45 Minuten ein ICE am Bahnsteig, bei dem ein Reisender mit einer Herzattacke durch den Notarzt behande t wurde. Leider haben alle Rettungsversuche keinen Erfolg gehabt und der Reisende ist am Bahnsteig verstorben. Der Kollege kann seinen Dienst nach dieser Situation verständlicherweise nicht fortsetzen - ihn abzulösen ist jetzt erstmal wichtiger.

Keine schöne Situation, alle Kollegen vor Ort waren sichtlich betroffen. Gerade wurde ein Sichtschutz aufgebaut, die letzten Befragungen durch die Polizei liefen und keine zehn Minuten nach meinem Eintreffen konnte der Zug seine Fahrt fortsetzen.

Keine Ahnung, ob das mittlerweile "normal" geworden ist, aber in meinen Augen unglaublich und Kopfschütteln ausgelöst haben bei mir, was die ebenfalls außer Dienst gesetzte Kollegin sowie einer der Ersthelfer berichteten:

Während der Wiederbelebungsmaßnahmen wurden nicht nur die Zugbegleiter, sondern sogar die Ersthelfer und Rettungskräfte gefragt, wie lange das denn noch dauern würde und wann der Zug endlich weiterfährt.

Erst wollte ich direkt bei der Begrüßungsansage etwas dazu sagen, aber irgendwie fehlten mir die richtigen Worte. Allerdings wollte und konnte ich, obwohl ich selbst bei der ganzen Situation ja nicht dabei war, jetzt nicht einfach so in den Alltagsmodus umschalten.

Also habe ich etwas später noch einmal über die aktuelle Lage informiert: Wieviel Verspätung wir aktuell haben, welche Züge in Göttingen erreicht werden und dass ich momentan der einzige Zugbegleiter an Bord bin, es also leider etwas länger dauern kann, bis man mich findet.

Und ich habe gesagt, dass ich traurig bin und es beschämend finde, was ich von den Augenzeugen berichtet bekommen habe: Dass während der Lebensrettungsversuche sogar die Ersthelfer gefragt werden, wie lange es noch dauert. Und dass ich absolut kein Verständnis habe für Fahrgäste, die der Meinung sind, ihre persönlichen Termine sind wichtiger als ein Menschenleben. Wer eine solche Einstellung hat, möge mich bitte den Rest der Fahrt am besten überhaupt gar nicht erst ansprechen.

Dass ich mich aber ausdrücklich bedanke bei den vielen Menschen, die keinen Augenblick gezögert haben, zu helfen und ich sehr gerne für ihre Fragen zur Verfügung stehe. Ich habe darauf hingewiesen, dass wir ja den 1. Advent haben und der Advent auch eine Zeit der Besinnung und Einkehr ist.

Dann habe ich eingeladen, für eine Minute still zu werden, in Gedenken an den Fahrgast, der seine Reise leider nicht mit uns fortsetzen konnte, aber auch in Dankbarkeit dafür, dass wir, zwar mit Verspätung, aber gesund, unsere eigene Fahrt fortsetzen dürfen.

Keine Ahnung, ob sich nach der klaren Ansage die "Quotennörgler" einfach nicht mehr getraut haben, oder ob der ein oder andere vielleicht die Schweigeminute genutzt hat, einmal über sein eigenes Verhalten nachzudenken, jedenfalls gab es auf der ganzen Fahrt bis Würzburg keine einzige Beschwerde mehr über die Verspätung, obwohl es für einige Fahrgäste sogar mit einer Zwischenübernachtung verbunden war.

Dafür hatte ich ganz viele kurze, aber teilweise sehr berührende Gespräche mit Fahrgästen, die das schnelle und professionelle Handeln meines Kollegen, der Ersthelfer und Rettungskräfte gelobt haben, die sich für meine Worte bedankt haben und die teils auch von eigenen Schicksalsschlägen berichtet haben. Mit den Fahrgästen aus dem Wagen, in dem der Reisende buchstäblich umgekippt ist, mit einem der Ersthelfer und dem jungen Polizisten, den die Situation sichtlich auch nicht kalt gelassen hat.

Es wäre unpassend, die Fahrt als "schön" zu bezeichnen, dafür war der Anlass zu traurig, aber ich bin dankbar für die vielen kurzen Begegnungen und für das Gefühl der Verbundenheit, die sie ausgelöst haben. Es tat gut, der Kollegin beim Aussteigen in Fulda noch einmal sagen zu können: Die Fahrgäste, die unsere Werte teilen, sind eindeutig in der Mehrzahl.

Zum Abschluss meines Arbeitstages durfte ich dann nach langer Zeit endlich mal wieder einen Zug mit Sonja fahren - zwar nur 18 Minuten, aber immerhin...

In diesem Sinne wünsche ich allen, die das lesen, eine gesegnete und besinnliche Adventszeit und vor allem Gesundheit Dir und Deinen Liebsten!

Gedanken zum 2. Advent

Heute ist schon Dienstag und jetzt endlich nehme ich mir die Zeit, meine Gedanken zum 2. Advent aufzuschreiben.

Das Konzert von Mister Me war schon am Donnerstag und doch klingt es noch heute in mir nach. "Es ist wichtig, sein nacktestes nackt zu finden und seinen innersten Nullpunkt nach außen zu kehren", ich mag seine Worte und seine Musik sehr!

Außerdem hat er bei der Wahl seiner Supports ein überaus glückliches Händchen: Während es bei der letzten Tour "Ask For The Moon" von der wundervollen Künstlerin RABEA war, das mich total geflasht hat, läuft seit Donnerstag "Löwenherz" von WIM bei mir rauf und runter, das mich nicht nur musikalisch sondern auch von Titel und Text her sehr anspricht.

Angefeuert durch "Feuer frei" von Micha und die Frage "Wer bin ich?" von Veit Lindau setzt sich die Zeile "in meinem Herz sitzt ein Löwe und ein Löwenherz werd ich sein" in meinem Kopf und natürlich auch in meinem Herz fest. "Wir müssen nichts wissen, halten einfach die Hand auf, dann fällt irgendwas Wahres rein."

In diesem Sinn halte ich heute die Hand auf und bin gespannt, was reinfällt. Ich sehe mich nicht als Bedürftiger, sondern öffne mich für das, was mir zusteht, für das, was ich bin.

"Was brauchst Du für Dein Glück? fragen mich gerade singend Berge. Und die Antwort ist einfach: Dich! Keine Ahnung, ob das richtig ist, und doch findet sich genau diese Antwort jetzt gerade in meinem Herzen. Wer bin ich, wenn ich das verleugnen würde?

"Das führt alles zu mir. Ich bin die Frage und die Antwort. Ich bin der Weg und auch der Stein. Das führt alles zu mir. Nichts bleibt, wie es ist." Gestern habe ich getanzt, heute Morgen möchte ich stillleben. Ich möchte an diesen Ort, ein Stück weiter als das Nimmerland und hinter einer Zeitraumwand.

Ich habe Angst, weil ich befürchte, dass ich das nicht darf: Mich einfach neben Dich ins Gras legen. Ich will nicht Deine Privatsphäre verletzen, ich will nichts tun, was Du nicht möchtest, ich will nicht aufdringlich sein. Und doch ist es genau das, was ich jetzt will:

Mich mit Dir ins Gras legen, im Takt mit der Welt drehen, den Dingen noch Zeit geben und nur atmen und stillleben.

Von der Sehnsucht nach der Sehnsucht

Während Du von ihm träumst,
da träume ich von Dir.
Du wünschst, Du wärst bei ihm
und ich wünschte, Du wärst hier.

Ich kann Deine Sehnsucht gut verstehen,
denn genauso geht es mir!
Ich kann Dich so gut verstehen,
denn mir geht es so – mit Dir!

Weil mich, was Du sagst, so tief und stark berührt,
weil das, was Du denkst, meinen Verstand verführt.
Diese Worte gedanklich von Dir trennen – nein, das kann ich nicht.
Ich mag nicht nur Deine Worte, ich mag auch Dein Gesicht!

Wie Du lachst und wie Du lächelst,
wie Du Deine Mundwinkel so süß hochziehst,
ja, ich mag sogar Dein Lächeln,
wenn Du nach außen ernst aussiehst!

Vielleicht sind Deine Worte für mich bestimmt? –
Bestimmt ist das für mich!
Und ich bin mir sicher:
Meine Worte sind bestimmt für Dich!

Ich mein, Peter hat schon Recht:
Meine Sehnsucht dreht sich auch sehr um sich…
Doch trotzdem: Wenn ich nicht ständig an Dich denke,
wäre ich nicht ich…

Mit diesem ständig-an-dich-denken,
damit beginnt es meistens schon,
daraus wird dann von-dir-träumen
und daraus eine Vision.

Heute wird sie noch nicht wahr. Heute nicht – aber irgendwann!
Ist es auch noch so unwahrscheinlich – Ich glaube fest daran!
Ich lern Dich gerne kennen, jeden Tag ein bisschen mehr
und so, wie ich Dich heute kenne, liebe ich Dich sehr!

Wie ich Dich heute sehe
nehm ich mit in meinen nächsten Traum hinein,
was ich morgen neu an Dir entdecke
wird bestimmt noch schöner sein.

Wär ich Maler, wärst Du mein Lieblingsmotiv,
was anderes zu malen wäre verschwendete Zeit.
Doch manchmal hab ich Angst,
ich mal Dich nur noch aus Gewohnheit.

Manchmal habe ich Angst,
dass ich nicht Dich liebe, sondern nur Dein Bild in mir,
denn in meinem innren Zimmer hängen
lauter Polaroids von Dir!

Doch dann hab ich Dich gesehen,
und es ist etwas geschehen,
was dieses Bild verändert hat.
In meinem Herz findet ständig Veränderung statt.

Du malst mit Deinen Worten Bilder in meinem Kopf
und ich habe das Gefühl, wir sind Deckel und Topf.
Du malst mit Deinen Gedanken Bilder in mein Herz,
es sehnt sich immerfort in Deine Richtung, himmelwärts.

Während Du von ihm träumst,
da träume ich von Dir.
Du wünschst, Du wärst bei ihm
und ich wünschte, Du wärst hier.

Ich kann Deine Sehnsucht gut verstehen,
denn genauso geht es mir!
Ich kann Dich so gut verstehen,
denn mir geht es so – mit Dir!

Es hat nicht alles so gewirkt, wie es von mir gemeint war.
Beflügelt von meinen Gefühlen alles liebevoll gemeint zwar
zog ich alle Register, die ein stiller Poet so hat.
Es war längst nicht alles richtig, was ich tat.

Vielleicht hab ich viel falsch gemacht.
Doch die Wahrheit ist: Ich würde alles wieder tun.

Du darfst nicht alles wieder tun!
Hörst Du?? Das darfst Du nicht!!
Keine Ahnung, ob das richtig ist, doch ich hab Angst,
dass dann Dein Herz zerbricht.

Ich erfuhr durch einen Zufall, dass Du in der Klinik bist.
Heute vermut ich, Dein Achillesvers war getroffen.
Ich hatte keine Ahnung, was genau mit Dir ist
und so blieb mir nur, zu hoffen.

Keine hundert Stunden hielt es mich Zuhaus,
dann hielt ich die Ungewissheit einfach nicht mehr länger aus.
Ich spürte und ich wusste: Ich muss jetzt sofort hier raus,
und so fuhr ich los und bewaffnete mich mit einem Blumenstrauß.

Die ganze Stadt nach Dir absuchen,
wenn ich weiß, es geht Dir schlecht.
Vielleicht macht mich das zum Stalker,
doch vielleicht macht mich das auch echt.

Gott sei Dank warst Du schon aus der Klinik wieder raus,
das gab mir Hoffnung: Dir geht es gut, Du bist zu Haus!
Ich weiß, auf das Nach-Dir-Suchen hatte ich kein Recht!
doch ich glaub, ich würd es wieder tun, vielleicht macht mich das
echt.

Während Du von ihm träumst,
da träume ich von Dir.
Du wünschst, Du wärst bei ihm
und ich wünschte, Du wärst hier.

Ich kann Deine Sehnsucht gut verstehen,
denn genauso geht es mir!
Ich kann Dich so gut verstehen,
denn mir geht es so – mit Dir!

Ich seh an Deinem Blick:
Mir bedeutet dieser Augenblick viel mehr als Dir.
Keine Ahnung, ob das richtig ist,
doch trotzdem bin ich gerne hier!

Hier bleib ich stehen und betrachte die Sterne
und ich denk dabei an Dich.
Ich glaube nicht, dass Du zu viel willst
und Du erinnerst mich an mich.

Vielleicht ist das zu viel verlangt, doch
ich will alles: Ich will Dich!
Ich sehe, wie Du tanzt und wie Du lachst
und mir damit Freude machst.

So schön wie Du wirklich bist könnte ich Dich niemals träumen!
Bei Dir will ich wach sein und keinen Millimoment versäumen!
Ich hol Dich gerne ab, wo immer Du auch bist,
sag mir einfach nur, wo genau das ist.

Dann hol ich Dich gerne ab aus diesem T ndergarten
und bis dahin will und wird mein Herz wohl auf Dich warten.

Für Eileen und Henrik

Julia Engelmann sagt:
Familie ist wie ein Mobile,
alle Teile sind verbunden
und ist das Band auch unsichtbar
ist es doch nie verschwunden.

Wenn einer sich davon bewegt,
bewegen alle anderen sich mit.
Möget ihr diese Verbundenheit
spüren bei jedem Schritt!

Denk ich an Henriks Familie,
denk ich mir: Ihr seid echt bekloppt!
Henriks derbe Sprüche
werden von Gunda noch getoppt!

Und herrscht in Eurem Hause
auch stets ein rauer Umgangston
so spür ich doch die Liebe
zwischen Eltern und Sohn!

Je länger ich Euch kenne,
umso mehr genieße ich die Zeit,
mag Eure Werte, den Humor
und Eure schroffe Herzlichkeit!

Julia Engelmann sagt:
Familie ist wie ein Mobile,
alle Teile sind verbunden
und ist das Band auch unsichtbar
ist es doch nie verschwunden.

Wenn ich an Julian denke
seh ich ihn noch ganz klein im Kinderwagen,
später Drehorgel für meinen Vater spielen
und heute Eure Ringe tragen...

Als ich hörte, dass Eileen aus Herzberg stammt,
verstand ich nicht, was los is...
Herzberg kannt ich nur "am Harz",
Mandy und Eileen sind doch aber...

Heute konnt ich dann im wahrsten Sinn
den Elbe-Elster-Kreis erfahren.
Diesen Tag werd ich ab heut
in meinem Herzen aufbewahren!

Erwachsen sein

Als Kind dachte ich immer,
jeder Erwachsene ist ein Held.
Je älter ich wurde, desto mehr merkte ich,
wie dieses Bild in sich zusammenfällt.

Erwachsene sind zwar älter,
doch kochen auch nur mit dem gleichen Wasser.
Als Kind dachte ich immer,
ihres wäre irgendwie nasser.

Helge Schneider sagt: Es ist egal,
wie alt Du bist, Hauptsache Du bist hier!
Egal, wie erwachsen ich werd'-
da ist immer auch Platz für das Kind in mir!
Egal, wie alt ich bin acht ich drauf,
dass ich meine Träume nicht verlier!

Als Kind träumte ich immer,
einmal Omnibus zu fahren.
Und Gott sei Dank konnte ich
diesen Traum mir bewahren!

Seit fast 20 Jahren bis heute
erfüllt sich dieser Traum!
(Also „heute" metaphorisch-
momentan fahren sie ja kaum.)

Egal, wie erwachsen ich werd'-
da ist immer auch Platz für das Kind in mir!
Egal, wie alt ich bin acht ich drauf,
dass ich meine Träume nicht verlier!

Heute träume ich von Dir,
mag sein, das ist nicht sehr erwachsen.
Trotzdem pflanz ich heut den Samen,
hoff, dass einmal Konfettibäume wachsen.

Reinhard Mey gab den Rat: „Gib nur nichts auf den Rat
des Wetterhahns, der mit jedem Wind tanzt.!
Auch ich glaub, „es zählt im Leben nur, dass Du in der Tat,
wie es auch mit Dir umspringt, vor Dir se bst gradstehen kannst."

Aufrecht zu stehen,
zu zeigen: Hier bin ich.
In den Spiegel zu sehen,
zu sagen: Ich lieb Dich!

Helge Schneider sagt: Es ist egal,
wie alt Du bist, Hauptsache Du bist hier!
Egal, wie erwachsen ich werd'-
da ist immer auch Platz für das Kind in mir!
Egal, wie alt ich bin acht ich drauf,
dass ich meine Träume nicht verlier!

Wenn Du Dich zu reflektieren versuchst,
dann hältst Du Dich im Kopf nicht aus.
Aber vielleicht bist Du nur verreist
und ich bin Dein Zuhaus.

Das Wichtigste ist doch, das man sich selber wiederfindet,
wenn man sich mal verliert.
Hättest Du vor zehn Jahren gedacht,
dass alles das passiert?

Du sagst: Es kam alles anders,
und es bleibt nichts, wie es ist,
doch Du bist irgendwie
ganz glücklich damit.

Wäre ich heute ein Kind, wünschte ich mir
wir wären mal zu zweit allein.
Aber Erwachsen werden heißt ja nicht,
dass wir aufhören müssen, ein Kind zu sein.

Traumfabrik

Diesen ganzen Film gibt es nur, weil sich ein Kleindarsteller in ein Tanzdouble verliebt hat. Aber ganz ehrlich? Was für einen schöneren Grund für einen Film kann es geben?

Der Film handelt hauptsächlich von zwei Dingen: Liebe und Träume. Und das sind die einzigen Dinge, die wirklich zählen. Dass er auch eine große Portion Humor enthält (Tobias sagt: Er beginnt als Komödie und endet als Liebesfilm), sogar ein Stück deutscher Geschichte erzählt, es eine elefantastische Tanzszene gibt und er auch sonst liebevoll und unfassbar schön umgesetzt wurde, ist für mich eine reine Nebensächlichkeit.

Mag sein, dass Tobias Recht hat, wenn er sagt, dass in ihm zu viele Poesiealbumsprüche aneinandergereiht wurden. Aber ich mag Poesiealbumsprüche und ich mag sogar den Titelsong (obwohl er von Helene Fischer gesungen wird!).

Mag sein, dass er auch Recht hat, wenn er sagt, dass die Brückenszene unrealistisch ist. Aber es kommt nicht darauf an, ob das, was man auf der Leinwand sieht, echt ist. Die Gefühle, die man hat, wenn man den Film sieht, die sind echt. Und das ist das Wichtigste.

Die Gefühle, die er in mir ausgelöst hat, waren sehr schön und berührend, so sehr, dass mir sogar ein paar Tränen über die Wangen gelaufen sind. Und die Frage: "Was ist schlimmer? Ein unerfüllter Traum oder gar keinen Traum zu haben?" hat in mir noch einmal tiefe Dankbarkeit ausgelöst, für meinen unerfüllten Traum, den ich über fünf Jahre lang träumen durfte. Und die Gewissheit, dass ich sofort einen Film produziert hätte, wenn das die einzige Chance gewesen wäre, sie wiederzusehen.

Mein Soundtrack zum Text:
Helene Fischer - See You Again

Auf dem Berg meiner Seele

Klare Sicht
Wir sehen unser Leben dort unten
wie Figuren im Miniaturwunderland.

     Ich
   atme erwähle
Berg meiner Seele
  Ich tanze mit Dir
      Wir

Du bist da, lächelst mich an,
schmiegst Dich an mich.
Wir sprechen kein Wort,
genießen den Ort.

Durchatmen Loslassen

Auf dem Berg meiner Seele 2

Heute Morgen war ich wieder auf dem Berg meiner Seele.

Zuerst habe ich sämtliche Sorgen und Stress abgeschüttelt. "Lass das Schütteln von unten, von den Knöcheln aufsteigen" höre ich Veit Lindau sprechen. "Lass das Schütteln in die Knie und Oberschenkel aufsteigen."

Gleich sagt er bestimmt "Schüttel Dein Haar für mich" denke ich wieder, was wegen des Föhnix-Aprilscherzes heute noch besser passen würde.

"Ruf die Kraft der Erde. Ruf die Kraft des Himmels" höre ich die Stimme aus den Kopfhörern.

"Ich rufe Dich, Galaktika, vom fernen Stern Andromeda" kommt mir spontan in den Sinn, gerade als Veit sagt "Zeig der Welt, dass Du Dich ernst nimmst." Hm.

Ja! Ich nehme mich ernst.

Mich - mit meinen verrückten Träumen und Wünschen
Mich - und mein inneres Kind
Mich - mit meinem trockenen Humor
Mich - so wie ich bin - nehme ich ernst.

Auf dem Berg meiner Seele breite ich mit verbundenen Augen die Flügel aus. Gleich werde ich fliegen, denke ich - dann stoße ich auf einen Widerstand. Zweiter Versuch. Wi(e)derstand. Da wo mein durcheinandergeratener Orientierungssinn den Flachbildschirm vermutet, ist irgendwas, aber kein Flachbildschirm. Ich stelle fest, dass ich genau andersherum stehe, als ich dachte. Das Papier aus dem Modellbuspappkarton, an das mein Flügel stieß, fällt runter. Dritter Versuch.

Fliegen
Geht das?
Vetreib die Zweifel
Breite die Flügel aus
Fliege

Ich denke an das Gedicht von Julia Engelmann, in dem die Möwe
denkt: "Sie scheint immer noch zu üben -
wenn ich sie wär, würd ich fliegen!"
Ich denke an "Lilienthals Traum" von Reinhard Mey.

Heute fliege ich noch nicht,
doch ich komme in mir an.
Heute küsse ich Dich nicht,
heute nicht - aber irgendwann.

Dieser Tag macht einen Unterschied.
Bahn frei!
Morgen schaffe ich mehr Platz-
außen und innen.

Heute genieße ich noch einmal die Strategie gegen
Alltagsmelancholie von Leonie Staufner.

Heute höre ich tolle Musik von WIM, Jan Jakob (vielen Dank an
das Kloster Triefenstein für das tolle Konzert) und Joules the Fox
(weil Avocado auch sehr lecker für die Ohren ist).

Heute versuche ich, eine technische Lösung für einen Online-
Poetry-Slam am Samstag zu finden - weil ich dann gerne
mitmachen will

Und mein Wunsch ist heute mit meinem Ausatmen ins Universum
geschickt:

Ich werde
Dich küssen
Ohne Ende.

Breite die Flügel aus und liebe!

Mein zukünftiges Selbst hat mir heute gesagt:

Breite die Flügel aus und liebe!

Als ich heute Morgen den Sand unter meinen Füßen spüre, denke ich, ich bin am Havelmeer. Ich vermute, unweit entfernt ist die Lieper Bucht mit ihren Schwänen. Mein eigenes Ich kommt auf mich zu, ich sehe gar nicht so alt aus, wenn ich bedenke, dass ich bereits ca 20 bis 30 Jahre älter bin als heute. Ich breite meine Arme aus. Dann stehe ich vor mir voller Freude und gleich verstehe ich, warum:

Mein zukünftiges Ich zeigt mir ein wunderschönes Bild von meinem Enkel.

Familie
höre ich
und denke ich,
Meine Großeltern Meine Eltern
Wir

Familie
visualisiere ich:
Du und ich
Unsere Kinder Unsere Enkel
Wir

Denn stell dir nur mal vor, jemand nennt uns Oma Opa!

"Breite die Flügel aus und liebe" rät mir mein zukünftiges Ich. Es erzählt, dass es im Planetarium war, was mich im Glauben bestärkt, wir stehen am Strand mitten in Berlin. Dann rudert es davon, in Richtung Stößenseebrücke, winkt mir noch einmal glücklich zu.

Ich staune, dass ich rudern kann. Meine nächsten beiden Schritte führen mich ans Ende der Yoga-Matte. Scheinbar habe ich schon wieder die Orientierung verloren, als ich mich hinlege, merke ich, dass ich nicht dort bin, wo ich dachte.

Irgendetwas kommt mir spanisch vor. Die beiden Frösche vorm Fenster schauen mich an und ich muss lächeln.

Dann schaue ich weiter nach links und Du lächelst mich an.

Es regnet Konfetti.

Ich denke an Dich.

Ohne Ende

Outro: Ich bemerke, dass mein zukünftiges Ich mir ein Bild in meine Tasche gesteckt hat. Erst bin ich verwirrt. Dann merke ich, dass es nicht um Statur oder Kleidung geht: Ich merke glücklich, wer wir sind und wo wir sind, auch wenn ich nicht genau weiß, wo das ist.

Vom Reich sein (2)

In der Badewanne liegen
Einen Morgenimpuls von Veit hören
Im Einklang sein mit mir und der Welt
Über Narben nachdenken

Feststellen, dass ich es lieber mag, zu den eigenen Narben zu stehen und sie offen zu zeigen, statt sie zu verstecken - sowohl äußere als auch innere

An Dich denken und lächeln
An meinem Wachsbergwerk weiter"arbeiten"

Die Kinder zur Weperschule bringen

Am Frühstückstisch mit meinem Papa einen Tee trinken

Auf großem Fuß schlafen

"Jetzt" hören

Das Kegelersatzprogramm genießen

Bei einer Runde um den Kiessee den vollen Mond und die Sterne bewundern

Mir die Frage stellen: "Wer hat mich heute beschenkt?"

Nichts davon ist selbstverständlich

Auch wenn mein Konto gefühlt leer ist, bin ich heute reicher als ich es jemals war

Ich spüre: Mein Momentespeicher ist gut gefüllt und ich bin glücklich

Und doch gilt immer noch:

Ich gäb all meine Reichtümer für einen Millimoment, in dem ich Deine Hand halte.

Ostermontag

Der Ostermontag geht zu Ende.

Begonnen hat mein Ostermontag, wie sollte es anders sein, in der Badewanne. Es folgte eine aktive Meditation, danach gab es sehr leckeres Essen, abgeholt von der Pizzeria Rialto, und wenn ich auch nicht mit meinen Eltern in einem Raum gegessen habe, so doch wenigstens zeitgleich.

Nach ausgiebigem Mittagsschlaf folgten dann die megaleckeren Torten vom Landhotel Am Rothenberg, vielen vielen Dank dafür! Danach habe ich mit Inke und Tobias erfolgreich unsere Kriminalfall-Ermittlungen abgeschlossen, mit großartiger Hilfe durch Samuel.

Die ersten Überlegungen wurden gemacht, wie ich die Bildqualität bei meinen Live-Aufnahmen verbessern kann, und ich werde da ein paar Sachen ausprobieren. Beispielsweise ist es wahrscheinlich keine so gute Idee, mit vier Geräten gleichzeitig im selben WLAN zu arbeiten, wenn man einen Livestream macht... Beruhigt hat mich die Feststellung, dass bei vielen Profimusikern, die derzeit aus ihren Wohnzimmern streamen, die Bildqualität auch nicht immer die Beste ist, und der Spruch auf meinem Morgentee: "Prüfe den Inhalt, nicht die Tasse."

Sehr gefreut habe ich mich über drei persönliche Feedbacks zu dem Live-Video gestern, denn "wenn auch nur ein einziger Mensch zuhört und von meinen Gedanken berührt ist, hat es sich schon gelohnt." Diesen Satz habe ich von Leonie Staufner übernommen, und ihr Text, in dem sie ihrem Vorbild so schamlos ins Gesicht gelobt hat, ist auch der Anstoß für meine Überlegung: Wer sind eigentlich meine Vorbilder?

Ziemlich schnell fiel mir da ein ganz besonderer Mensch ein, von dem ich mir sehr gerne ein paar Scheiben abschneiden würde:

Edgar Röse! Es hat sehr viel Spaß gemacht, mit ihm zusammen zu arbeiten, er war jeden Tag gut gelaunt und auch, wenn er seine Meinung deutlich vertreten hat, konnte man ihm nie böse sein und hatte auch nie das Gefühl, dass er einem böse ist. "Na, ihr Pflegefälle!" war immer seine herzliche Begrüßung und jeder bekam von ihm Spitznamen, so wurde ich aufgrund meiner Omnibus-Affinität von ihm generell "Gummi-Bahner" genannt. Ja, auch wenn unser gemeinsames Arbeiten schon über 12 Jahre zurück liegt, denke ich noch sehr sehr gerne an ihn zurück und habe mich heute auf seine Spuren begeben. Ein Polaroid von ihm ist definitiv in meinem inneren Zimmer.

Passend auch irgendwie, dass ich gerade Ostern an ihn denke, denn es war Ostern 2008, als ich eine der bemerkenswertesten Schichten meines Arbeitslebens hatte. Gründonnerstag ereilte uns die schreckliche Nachricht, die ich anfangs erst gar nicht fassen oder glauben wollte. Zwar wusste jeder von seiner Herzkrankheit, aber seine ständigen Kommentare "wenn ich dann noch lebe" oder ähnliches brachte er immer so lustig rüber, dass ich nie damit gerechnet hätte, dass sie so schnell wahr werden sollten.

An einem der darauffolgenden Feiertage hatten wir einen 12-Stunden-Dienst. Die Stimmung war seltsam: Einerseits haben wir ganz normal unsere Arbeit gemacht, andererseits war jeder im Team mit seinen Gedanken bei Edgar. Alle anderen Probleme oder Unstimmigkeiten hatten an diesem Tag ihre Bedeutung verloren, die Fragen, die mir als Schichtleiter gestellt wurden, waren immer dieselben:

- Wie ging es Edgar in seinen letzten Stunden?
- Was können wir für seine Familie tun?
- Wie sagen wir am besten den Kollegen Bescheid, die es noch nicht wissen?
- Wie können wir von ihm Abschied nehmen?
- Darf ich an der Trauerfeier teilnehmen?

Irgendwann im Laufe der Schicht auch:

- Wollen wir einen Kranz o.ä. besorgen?

Und: - Wäre es pietätlos, wenn wir "Deine Pflegefälle" darauf schreiben? Schließlich waren das immer seine Worte, und er selbst fände es bestimmt gut.

Auch heute, 12 Jahre später, fehlen mir immer noch die richtigen Worte, um meine Gefühle an diesem Tag zu beschreiben. Natürlich war ich immer noch geschockt und unendlich traurig, andererseits fühlte ich mich an diesem Tag mit meinem Team auch irgendwie.... geborgen. Ich spürte so eine tiefe Verbundenheit zwischen uns und ich hatte das Gefühl, dass wir alle ähnliche Werte leben.

Manchmal frage ich mich, ob das mit der Auferstehung nicht vielleicht auch symbolisch gemeint sein könnte. Dass nicht wirklich das "Fleischklöppschen" von Jesus auf einmal wieder vor den Jüngern stand, sondern dass sie seinen Geist gespürt haben. Ostern 2008 habe ich auf jeden Fall gespürt, dass Edgars "Geist" weiterlebt, weil er in uns etwas berührt hat. Ich glaube nicht, dass sein Körper irgendwann aus dem Grab aussteigen wird, aber ich weiß, dass sein Wirken auf dieser Erde noch längst nicht verklungen ist.

Faszinierend, dass die Geschichte von Jesus auch nach über 2000 Jahren noch Menschen berührt. Und auch wenn ich sicherlich noch Lichtjahre davon entfernt bin, so möchte ich doch sagen: Ja, auch Jesus soll mein Vorbild sein. Auf seine Spuren werde ich mich jetzt begeben, wie schön, dass mein Lieblings-Coaching-Guru Veit Lindau gerade einen Kurs dazu macht. Und da ich ab morgen Nachtschichten habe, habe ich jetzt die ganze Nacht Zeit, mich damit zu beschäftigen.

Der kleine Tag

"Es war einmal ein kleiner Tag. Er lebte mit seinen Eltern und Geschwistern dort, wo alle Tage leben." Lieber kleiner Tag, das waren die ersten Worte, die ich über Dich gelesen habe. Vor vielen Jahren, in einem wunderschönen Buch, das ich heute, passend zum Welttag des Buches, wieder herausgesucht habe. Damals warst Du noch der 23. Februar, aber was spielen Zahlen schon für eine Rolle? Du hast und hattest immer schon ein Gespür für die wichtigen Dinge. "...und dann haben sie sich geküsst!" war schon damals mein Lieblingssatz in Deiner Erzählung, auch wenn die anderen Tage Dich dafür ausgelacht haben.

Heute bist Du der 23. April und ich freue mich riesig, dass Rolf Zuckowski mich vorhin an das tolle Hörspiel über Dich erinnert hat. Ich habe mir eine Stunde Deine Geschichte angehört und wenn mir bei Kinderliedern die Tränen kommen, finde ich das einen sehr schönen Tag! Danke dafür!

Ich erinnere mich an andere 23. Aprils: Als ich den Minion getroffen habe oder vor vier Jahren mit Inke und Tobias Essen war. Ein sehr schöner 23. April war auch 2014, als Elif, Sonja und ich uns mit den Osterhasen versammelt haben.

Heute war gar nichts spektakuläres passiert, und doch bist Du heute ein ganz besonderer Tag! Das erste Eis vom Eiscafé Tropical des Jahres, tolle PFMGP-Musik, der Blick auf die Sterne und Planeten... Ich bin glücklich, einfach nur so! Nicht weil es Geld bringt, nicht weil es nützt, nicht, damit andere es bewundern, nein, einfach nur so - und natürlich wegen der tollen Musik! Von Rolf Zuckowski, Reinhard Mey, Wilhelmine und...

Julia Engelmann

Dein Bruder, der 20.07.2018, ist mir noch in guter Erinnerung: Die Welturaufführung von "An den Tag", ich glaube das Lied ist für Dich geschrieben, kleiner Tag!

So sitze ich hier gemütlich bei Kerzenschein auf der Couch und denke an die vielen schönen Tage und Dich! Die Zeit ging schnell vorbei, mein Ziel ist fern... Das Weltall ist so groß, ich bin so klein... Abschied heißt, was Neues kommt, denn anderswo gibt's ein Hallo!

Und morgen kommt ein neuer Tag!

Willst Du mit mir in Quarantäne sein?

"Und allem Weh zum Trotze bleib ich verliebt in die verrückte Welt" - wie schön, dass Stefanie dieses Zitat von Hermann Hesse geteilt und mich wieder daran erinnert hat.

Im Moment, in dieser für so viele Menschen schwierigen Zeit, schäme ich mich manchmal fast dafür, dass ich gar kein "Weh" habe, nicht einmal ein Wehwehchen. Die Arbeit ist viel entspannter als sonst - bei vollem Lohn. Dadurch, dass ich "systemrelevant" weiterarbeiten darf, habe ich auch weiterhin Kontakte mit Menschen in der realen Welt und nicht nur am Bildschirm - auch dafür bin ich sehr dankbar. Und gestern war ich zum Beispiel sehr sehr dankbar, dass der Bäcker am Bahnsteig in Leipzig offen hatte: Der Rooibusch-Tee und der Vanille-Donut haben gleich viel besser geschmeckt, weil es eben nicht selbstverständlich ist - das habe ich in dieser Zeit gemerkt.

Was mir wirklich fehlt sind Umarmungen - mit meinen Eltern, mit Tobias und Inke, mit Felix und anderen Poetry-Slammern, mit meinen Arbeitskolleg*innen - oder mit der Landhotel Am Rothenberg-Familie, und was soll ich sagen: Genau in dem Moment als ich das denke, taucht in deren Whatsapp-Gruppe ein Gutschein für eine Umarmung auf. Überhaupt sind mir den einen Tag fast die Tränen gekommen, wie herzlich und menschlich in diesem Chat und in dieser großen Familie miteinander umgegangen wird. Während die einen entlassen wurden oder in Kurzarbeit zu Hause sitzen, müssen die anderen dabei zusehen, wie vieles, was in zehn Jahren mühsam aufgebaut wurde nun innerhalb weniger Wochen verpufft und eine Absage nach der anderen entgegennehmen. Trotzdem denkt jeder an den anderen... "Respekt an Euch, dass ihr das alles so managt und im Rahmen Eurer Möglichkeiten aktuell nicht nur an den Betrieb, sondern auch an Eure Leute denkt und helft wo ihr könnt. Aber das kennt man ja eigentlich von Euch" - Ja, auch ich kann mich den

Worten von Vanessa da nur anschließen und auch bin ich froh und dankbar, ein klitzekleiner Teil von diesem Team zu sein und freue mich schon, den Gutschein einzulösen!

Alles, was ich gerade habe und erlebe und bin ist nicht selbstverständlich und ich bin sehr dankbar dafür. Das alles ist zerbrechlich und Familie ist alles was zählt! Das durfte ich vorgestern spüren. Ich war auf der Arbeit, als mein Handy klingelte. Ich war nicht schnell genug, den richtigen Knopf zu drücken und so hatte ich kurze Zeit später die Nachricht auf der Mailbox: "Hier ist Mama, kannst Du vielleicht mal zurückrufen?" In Sekundenbruchteilen brach eine Welt in mir zusammen. Ich dachte, jetzt ist Dein schöner Traum vorbei - Heute früh bist Du so glücklich in den Tag getanzt, und jetzt ist irgendwas mit Papa. Vielleicht hast Du Dir doch nicht genügend Sorgen gemacht. Ja, wofür ich wohl am meisten dankbar bin: Dass es meinen Eltern gut geht und sie nur wissen wollten, ob ich ein Eis möchte....

Apropos in den Tag tanzen: Ein sehr positiver Aspekt an Corona ist, dass ich mich in diesem Jahr auf den Zoom-Call eingelassen habe. Letztes Jahr wurden auch Zoom-Calls angeboten, aber ich wollte lieber in der realen Welt Menschen sehen und nicht am Computer. Bedingt dadurch, dass das ja im Moment nur sehr eingeschränkt möglich ist, ließ ich mich dieses Jahr darauf ein - und war gleich beim ersten Mal in das neu geschaffene Format verliebt, vielen Dank an Michael Lukas und Kirstin Kaul, dass ihr das so toll organisiert!

Dort wurde die Tanzchallenge gestartet ("Tanze so, als ob Du Dein Ziel schon erreicht hast") und seitdem tanze ich jeden Tag durch meine Wohnung - so kenne ich mich gar nicht. Falls Du auch gerade Lust bekommst, zu tanzen, hier meine Playlist von gestern:

Es geht los mit Zurück ans Meer von dem großartigen Maximnoise. Seine Musik mag ich schon lange und ich hatte schon immer die Vermutung, dass er ein großartiger Mensch ist - seit seinem berührenden Statement vor vier Tagen bin ich mir da absolut sicher. Aber genug geschrieben, jetzt wird getanzt!

Während mich das Lied gestern noch an den einzigen Ort Deutschlands entführt hat, an dem der Südwind von Norden kommt, brachte es mich heute an den Strand von Ahrenshoop in einem Jahr....

Das nächste Lied ist das Lied.

Doch es geht nicht um das Lied, sondern darum, dass du dänct!

Ich bin im Moment für so viele Dinge und Gefühle und Menschen dankbar, dass ich gar nicht alle aufzählen kann. Exemplarisch deshalb hier Danke an Florian, Rabea und Leona, Eure Antworten haben gestern meinen Tag bereichert.

Fühlt Euch umarmt!

P.S.: OW! (also: Ohweh!) Ein kleines, nein, ein großes Weh habe ich doch: Ich meine, ich kann alleine sein und es ist auch schön, bei den Eltern zu sein. Aber.... Könnten wir nicht zusammen alleine sein? Und so ist da die Frage in mir, die ich Dir bei der nächsten Epidemie auf jeden Fall stellen werde: Willst Du mit mir in Quarantäne sein?

Geimpft und seelenerwacht

Ich bin jetzt gegen das Virus geimpft!

Also nicht gegen Corona, da gibt es ja leider noch nichts, sondern gegen die geistige Seuche "Opferitis humana". Jahrzehntelang war auch ich von ihr befallen. Nun könnte ich einwenden, "ja, ich bin ja so, weil ich als Kind direkt nach der Geburt an den Füßen gepackt wurde und dann kopfüber Untersuchungen durchgeführt wurden und ich anschließend stundenlang nicht bei meiner Mutter war", was möglicherweise tatsächlich Einfluss auf meine Introvertiertheit haben könnte. Damit würde ich aber genau wieder der Wirkung des Virus folgen und meine eigene Verantwortung abgeben. Damit ist jetzt Schluss!

Natürlich klappt das nicht immer und nahezu täglich droht ein Rückfall. Es ist halt viel einfacher, auf "die Politiker", "die Umstände" oder "die anderen" zu schimpfen als anzuerkennen, dass ich selbst den größten Einfluss darauf habe, wie mein Leben verläuft.

Ich bin erwacht!

Also viel mehr habe ich das Gefühl, dass meine Seele erwacht ist. Mein Lieblingscoach hat in dem ersten Vortrag, in dem ich ihn real erlebt habe, gesagt: Das Leben schickt Dir drei Joker des Erwachens.

1. Die große, große Liebe

Diese Joker-Karte habe ich vor sechs Jahren gezogen. Julia hat mein Herz so tief berührt und wieder zum Leben erweckt und alles bis dahin Gewesene in den Schatten und auf den Kopf gestellt. Irgendwann dieses Jahr werde auch ich mich auf den Kopf stellen, weil ich einen Kopfstand machen werde: Ich möchte kopfstehen, um die Welt für sie zu tragen. Und um das ganz deutlich klarzustellen: Bislang ist das alles nur eine fiktive Romanze. Das alles existiert nur in meinem Herz. Und natürlich schenkte mir das Leben sehr schnell diesen einen Moment, in dem ich mich gefühlt habe wie ein begossener Pudel, wie Amelie, der ein Eimer Wasser über den Kopf gekippt wird, wie damals, als Katharina mir sagte, ich solle aufhören zu singen, weil ich schöne Erinnerungen in ihr kaputtmachen würde. Aber irgendetwas war diesmal anders, anders als in den vielen fiktiven Romanzen in meinem Kopf zuvor, die allesamt irgendwann auf den rauen Beton der Wirklichkeit knallten. Ich weiß nicht, ob es an mir lag, an den Gedanken-Mantras, die ich zu der Zeit hatte, oder an Dir, weil Du gesagt hast, es brauche mir nicht leid tun. Jedenfalls überlebten meine Gefühle diesen so typischen "Jens-fährt-volle-Kanne-gegen-den-Baum"-Moment. Ich bin sehr sehr dankbar, dass sich mein Herz damals nicht von dem Crash beeindrucken ließ und weiter schlug. Und dass es heute so stark schlägt, dass ich laut sagen kann: Ich breite meine Flügel aus und liebe - mich und Euch und alles! Und ich bin unendlich dankbar dafür, dass es sich durch Dich so unglaublich geöffnet und geweitet hat!

2. Die Krise

Beim Hören dachte ich, und so war es vermutlich auch gemeint, es ginge um eine persönliche Krise. Da bin ich Gott sei Dank bislang von verschont geblieben und ehrlich gesagt auch nicht besonders scharf drauf, so gerne ich auch erwachen möchte. Nun ist es die derzeitige globale Krise, die mir dabei hilft:

66

Einen Zoom-Call gab es auch schon letztes Jahr, aber da wollte ich Menschen ausschließlich real treffen. Dieses Jahr war ich bedingt durch die physischen Kontaktbeschränkungen dem Medium aufgeschlossener gegenüber und es hat mich so sehr bereichert: Gleich beim ersten Zoom-Call von Michael Lukas und Kirstin Kaulder war ich in das Format verliebt, bestimmt auch bedingt durch meine wundervolle erste Kleingruppe, in die ich geraten bin. Beim zweiten Zoom-Call war ich dann mit drei tollen Frauen in einer Kleingruppe, die diesen Text als erste zum Probelesen vorab gekriegt haben:

- Da ist Kirstin, die als erste nach dem Call den Kontakt zwischen uns wiederherstellt und die trotz aller gesundheitlichen Herausforderungen so freudestrahlend Geburtstag feiert und das mit uns teilt. Die mir sofort Hilfe anbietet und wunderschöne Bilder malt und ohne zu wissen, wie und warum, den Namen meiner zukünftigen Tochter gechannelt hat.

- Da ist Renate, mit der ich bis nach Israel whatsappe, die sagt, dass sie nicht gerne Mails schreibt und uns dann doch mit tollen Mails erfreut. Und die mich gerade daran erinnert, dass ich heute einen Baum umarmen will.

- Da ist Annemarie, die auf mich im ersten Moment so taff und straight wirkt, dass ich bei ihr ein berufliches oder monetäres Erfolgsziel vermute, ihre Funktion als Zeitnehmerin in der Gruppe bekräftigt das irgendwie noch. Umso überraschter bin ich, als sie uns von ihrem Herzensziel erzählt, dass ich für so lohnenswert halte und ihre Ausführungen einfach klasse finde. Und sie gibt mir den wertvollen Tipp, dass ein Kuss, den ich mir wünsche, viel zu wenig ist und auch 25 Küsse, die ich dann nachwerfe, spätestens nach einer halben Stunde verbraucht sind. Das bekräftigt mich, dass ich mit der Formulierung "Küsse ohne Ende" als Kussflatrate bei meinem Herzensziel genau richtig liege.

- Da ist Susa, die mir in der ersten Runde total leid tut, weil sie irgendwie so "abgewatscht" auf mich wirkt und genau an der Stelle, wo sie erst richtig loslegen könnte, ihr Zeitlimit um ist. Bis dahin wirkte ihr Ziel sehr unscharf und nebelig auf mich, aber in der zweiten Runde taut sie richtig auf und mittlerweile schildert sie uns ihre Träume so detailliert, dass ich uns alle schon auf dem Tierhof sitzen sehen kann, mit rot-weiß-karierter Tischdecke, strahlende Berge als Kulisse, grasende Pferde im Hintergrund, Hunde die auf der Hundewiese freudig bellen und ich mich frage, ob ein Hund davon unserer ist und ich kann förmlich freudiges Kinderlachen im Hintergrund hören und frage ich mich, ob eine der Stimmen von Juliane ist.

Das alles hätte ich ohne ich diese Krise wohl nie erfahren und noch etwas anderes habe ich dadurch zum ersten Mal gemacht:

Einen langen Videochat mit Jessica, die mir schon immer eine wichtige Stütze war, was sich seit diesem Moment aber noch einmal sehr intensiviert hat. Gerade habe ich von ihrer leckeren mit Liebe gemachten Quitte-Gin-Marmelade gegessen und jetzt werde ich etwas schneller schreiben, damit ich gleich ihre nächste wertvolle Sprachnachricht hören kann.

Auch hat mir diese Krise, die für mich persönlich gar keine ist, gezeigt, was mir wirklich-wirklich wichtig ist: Familie und meine Eltern, und ich durfte großartige Unterstützung von Inke, Tobias und Samuel erfahren. Für das alles bin ich sehr sehr dankbar. Auch für den tollen Austausch über Musik und andere wichtige Dinge mit Christian, Tobias, Eike, Andreas und Frank.

3. Tzja, und dann bringt

Veit

mich in dem Vortrag zum Lachen, denn er sagt: "und für die ganz hartgesottenen, denen das noch nicht reicht, hat das Leben noch einen dritten Joker - und das bin ich!"

Damals wusste ich noch nicht, wie Recht er damit haben würde. Bereits nach dem tollen Chuzpe-Vortrag damals hat sich einiges geändert, wenn ich meine Aufzeichnungen finde, werde ich feststellen, dass sich einiges in mir bewegt hat: Ich mache tatsächlich einen Tanzkurs, habe mich nochmal mit Louisa ausgetauscht, was mir wertvolle Erkenntnisse beschert hat und auch wenn mein geplantes Musikvideo noch nicht fertig ist, habe ich mein Lied bereits im Freundeskreis live performt und das Video steht fester denn je auf meiner Agenda.

Überhaupt ist meine wichtigste Erkenntnis "Es geht nicht allein" und in Veits Umfeld tummeln sich so viele zauberhafte Menschen.

Zum Beispiel Svenja, deren Posts zu ihrem Opi mich bereits sehr berührt hatten. Heute halte ich schon das Buch in den Händen, dass sie mir dankenswerterweise geschickt hat und das mich demütig erinnern wird, wie gut es mir geht und gleichzeitig zeigen wird, dass "Erwachen" nicht bedeutet, in einer heilen "Friede-Freude-Eierkuchen"-Welt zu leben. Obwohl ich sie noch nie "live" gesehen habe rührt es mich zu Tränen, zu sehen, wie gut es ihr gestern ging! Ich schließe mich ihr an: Ich folge der Freude und die Freude folgt mir!

Und dann war da dieser Tag, als Veit sagte: "Trag Dir den als neuen Geburtstag ein, diese Meditation wird Dein Leben verändern". Und ich dachte noch "Jaja, schon klar", ich meine, ich hatte schon zehn oder zwölf von seinen aktiven Meditationen begeistert mitgemacht: Bei der ersten kam ich mir noch bescheuert vor, mit Kopfhörern vor und Augenbinde auf und bin beim Flügel ausbreiten auch noch angestoßen. Die folgenden waren dann immer befreiender, aber das Leben verändern? Der Stern hat auch schonmal großspurig angekündigt, "dieses Video könnte Ihr Leben ändern" und ich habe das belächelt und dann.... Oh.... Naja... Also jedenfalls, was ich sagen wollte: An diesem Tag HAT diese aktive Meditation mein Leben verändert:

Weil mir bewusst geworden ist, dass mein inneres Kind nicht meinem jüngeren Ich entspricht: Als Kind war ich sehr introvertiert und wenn ich mir dieses symptomatische Kinderbild von mir anschaue, sehe ich mir die "Opferitis humana" förmlich an. Und was dadurch passiert ist, wie T.V. Kaiser sagen würde: Ein Teufelskreis! Je mehr ich mich auf dieser Frequenz des "Es wird ja doch alles nichts" befinde, desto mehr ziehe ich entsprechende Ereignisse auch an! Das war dann einen Tag später die Erkenntnis. Drei Tage am Stück kniete ich am Ende auf der Yogamatte und habe geheult - aber nicht leidvoll, sondern absolut freudvoll, eine Erfahrung, die ich so noch nie gemacht habe. Ich kann das auch nur schwer mit Worten beschreiben, jedenfalls sprudelten die Ideen und Wünsche und Visionen nur so aus mir raus, dass mittlerweile gar kein Platz mehr an meiner Wohnzimmerwand ist und wenn nur die Hälfte oder ein Viertel sich davon erfüllt, wird das ein sehr spannendes Jahr und ein noch wundervolleres Leben! Und die vielen wundervollen Begegnungen, Gespräche und die Verbundenheit, die ich im letzten Jahr spüren durfte, beflügeln mich so sehr, dass ich heute laut schreibe: Ich breite meine Flügel aus und liebe - MICH und Euch und Alles! Ein Engelskreis!

Ich könnte noch stundenlang weiterschreiben, aber ich muss jetzt gleich meine Session bei karindrawings buchen, das Buch lesen, auf den Friedhof gehen und um 19 Uhr wieder vor dem PC sitzen, um erst Leah Weigand zuzusehen und dann beim Zoom-Call dabei zu sein.

Ich wünsche Dir, die* Du das liest, einen wundervollen, zauberhaften Tag und möchte Dich schon jetzt herzlich zu meinem ersten Seelengeburtstag einladen: Am 26.04.21, save the date und sag mir Bescheid, ob Du kommst, damit ich Kevin sagen kann, wie viele Leute wir werden! Namaste! 🙏

**aus Gründen der besseren Lesbarkeit wurde auf die gleichzeitige Verwendung weiblicher und männlicher Sprachformen verzichtet

Letztes Kapitel

Gestern (bzw. in Kalendertagen gerechnet vorgestern) habe ich mein letztes Kapitel geschrieben! Keine Angst, Zeit ist relativ, und es handelt erst im Jahre 2092.

Nie hätte ich gedacht, dass ich mir das einmal so bunt ausmalen würde! Ich bin eine Runde über "meinen" Friedhof gegangen, habe einen Baum umarmt, ein schönes Telefonat geführt, wundervolle, mich berührende Sprachnachrichten angehört und einen wundervollen Sonnenuntergang beobachtet.

Weil es dann draußen schon zu dunkel war, habe ich mein letztes Kapitel dann im Auto geschrieben und mich den Fragen gestellt: Wenn mein letztes Stündlein geschlagen hat, wer werde ich dann sein? Wie will ich mich fühlen? Auf was für ein Leben will ich zurückblicken? Wie wünsche ich mir meinen Tod?

Meine Gedanken dazu sind natürlich eine Momentaufnahme und jeder Tag in meinem Leben verändert dieses Bild. Trotzdem tut es mir sehr gut, mir bewusst zu machen: Der Pöppel, der mir für dieses Spiel des Lebens geschenkt wurde, wird irgendwann einmal begraben werden. Wie kostbar wird dann jeder einzelne Tag!

Mittlerweile betrachte ich jeden einzelnen Tag wie ein ganzes Leben: Nehme mir morgens Zeit, bewusst in den Tag zu starten, mit Gedanken, die mir gut tun, mache mir klar, was meine Absicht heute ist. Schreibe mir auf, was ich erreichen will.

Abends stelle ich dann fest, dass ich fast nie alles geschafft habe. Aber fast immer zumindest so cirka zwe Drittel. Ich schreibe mir (fast immer) auf, für welche fünf Erfolge ich dankbar bin und eine Sache, dich ich gelernt habe und in Zukunft besser machen will. Ich halte fest, was mir Freude bereitet hat.

Das tut mir sehr gut und hat im letzten Jahr glaube ich viele positive Veränderungen bei mir bewirkt. Ich kann das nur empfehlen und bin sehr dankbar für die Inspirationen dazu von Veit Lindau!

Heute werde ich den Tag mit dem wunderschönen Lied "An den Tag" abschließen und werde mir den Übergang in die Nacht mit den musikuntermalten Gedanken aus fremder Feder schmücken:

"Es wird vielleicht auch noch die Todesstunde
Uns neuen Räumen jung entgegen senden,
Des Lebens Ruf an uns wird niemals enden,
Wohlan denn, Herz, nimm Abschied und gesunde!"

Stiller Poet

Intro: Wie Du über einen anderen sprichst, sagt mehr über Dich aus als über ihn.

Da ist Leonie und sie lobt schamlos ins Gesicht,
ihrem Vorbild, von dem sie so zauberhaft spricht.
Ihre Worte strahlen und erhellen den Tag -
wie sehr ich ihren Fragerunden lauschen mag!

Mit ihrem Appell an die Authentizität hat sie mich berührt,
so wie manch anderer Slammer vor ihr meine Gedanken verführt!
Auf der Bühne zeigen sie ihr wahres Gesicht,
was sie sagen klingt für mich wie ein Gedicht!

Nie im Leben hätte ich gedacht,
dass ein Abend wie heut so viel Freude macht:
Sich gegenseitig mit Worten berühren,
die Verbundenheit zwischen den Menschen spüren.

Da sind Tobias und Inke:
Ihr fehlt nicht nur heute beim „Bücherverkauf",
sondern viel mehr noch im weiteren Verlauf:
Umarmungen, Unternehmungen, gemeinsam Essen und Trinken,
Peggy streicheln und Samuel winken,
gemeinsam spielen und lachen,
ins Kino gehen oder Rallyes machen.

Da sind Trine und Jessi, ob nah oder fern,
ob Havana oder Schweiz, ich habe Euch gern!
Ob Panoptikum oder Rhypark: Ich mag bei Euch sein,
denn zusammen ist man nun mal weniger allein.

Da ist Beate, die extra für mich eine Rezension schrieb,
und soo viele Facebook-Freunde gaben mir Auftrieb.

Da ist meine Familie, denen ich gerne danken will.
Ich nehm's mir so oft vor und bleib dann doch meistens still.
In meinem Familien-Mobile sind meine Eltern spitze.
Egal, in welchem Zug, in welcher Stadt,
in welchem Haus ich sitze:

Ihre Gedanken, ihre Liebe sind immer auch ein Teil von mir
und dafür will ich Danke sagen, heute, jetzt und hier!
Gut behütet unterstützt durfte ich immer werden, was ich will,
durfte laut und anders sein, doch meistens blieb ich still.

Doch heute nicht, heute sage ich es laut:
DANKE! Ohne Euch hätt ich mich vieles nicht getraut.

Mein Wohnzimmer mit Ausblick ist Teil von meinem
Großelternhaus.
Früher hatte ich bei ihnen oben ein schönes zweites Zuhaus.

Ich denke grad an meine Oma, wie sie
in Kittelschürze Eierkuchen für mich macht,
wie sie in der Küche Kazoo zur Musik spielt
oder mit mir über Jürgen von der Lippe lacht.

Vor einem Jahr habe ich mit Opa noch „Mensch-ärger-Dich-nicht"
gespielt,
und ich bin natürlich traurig, dass er heute hier fehlt.
In seiner ganzen Eigenart wünsch ich ihn mir heut zurück,
in meinem innren Zimmer hab ich ein Polaroid von ihm zum Glück.

Es freut mich, der Anlass unendlich traurig zwar,
dass mein erstes jemals öffentlich vorgetragenes Gedicht, für ihn
gewesen war.

Meine Schwester wünschte uns noch Beileid,
um kurze Zeit später selber zu gehen.
Auf dem Polaroid in meinem innren Zimmer
kann ich uns noch beide im Strandkorb sehen.

Mit meinem Bruder wollte ich dieses Jahr zu Jimmy Eat World -
also, keine Sorge, der lebt noch!
Nur jetzt wegen Corona… Aber es ist erst im Juli,
vielleicht klappt es ja doch!

Ihm sage ich Danke, dass er mich nach meinem
Stadthallentermin vom Nischel abgeholt hat,
für Herberge und Frühstück
und juristischen Rat.

Da sind freundliche Gesichter würde Reinhard Mey jetzt wohl
singen,
da sind Menschen, die mit mir zur Straßenbahn gingen.
Da sind Menschen, die sich von meinen Worten berühren lassen!
Irgendwie kann ich das immer noch gar nicht fassen….

Und auch, wenn ich Euch heute nicht sehe:
IHR seid der Grund, warum ich hier stehe!

Und da bist Du….

Du hast vor 10 Jahren schon so empathisch über Deine Familie
und stille Poeten gesprochen,
dass Deine Worte mich verfolgten – für Wochen,
als sie nach wundersamer Zeitreise in mein Ohr gefunden.
Meine Begeisterung dafür ist bis heut nicht verschwunden!

Du weißt nicht, ob Du an Gott glaubst,
doch so wie Du über andere sprichst
sag ich Dir heute:
Gott glaubt an Dich!

Und manchmal berühren mich Deine Worte so sehr,
dass ich mir wünsche, zwischen uns wäre mehr…
Dann denk ich durch meine Stalking-Attitüden hab ich das für
immer verkackt
bis mich dann wieder diese tiefe Sehnsucht packt….

Du hast meinen stillen Poeten zum Vorschein gebracht.
Er war immer da, durch Dich ist er erwacht.
Ohne Deine Worte und Dich stünde ich heut nicht hier
und dafür, von Herzen, danke ich Dir!

Ganz ehrlich? Ich weiß nicht, ist es vielleicht nur meine projizierte
Sehnsucht nach mir?
Oder ist es die Ahnung von einer Zukunft, die wahr werden will:
WIR!

Heute jedenfalls bist Du mir der liebste Mensch auf Erden
und wär ich nicht längst schon ein stiller Poet, für Dich würde ich
einer werden!

Ich bin unschuldig!

Warum ich Reflexion gegenüber dem Konzept der Schuld bevorzuge

Ich liebe die Comics von Calvin und Hobbes! Bill Watterson zeichnet Hobbes in zwei Perspektiven: Als lebendigen und sprechenden besten Freund aus der Sicht von Calvin und als leblosen Stofftiger, wenn ihn andere sehen.

In der Episode, die mich die Tage gefunden und berührt hat, wurde Hobbes von einem Hund geschnappt. Calvin ist am Boden zerstört und bemerkt am Ende: "Kein Unglück ist so groß, dass man es nicht durch zusätzliche Schuldgefühle noch vergrößern könnte."

Wem nützt es, wenn Calvin in dieser Situation zu seiner Wut und Trauer auch noch Schuldgefühle hat? Wie ist das sonst so mit der Schuld? Wer legt sie fest und wem nützt sie etwas?

Ich stelle bei mir selbst immer wieder fest, dass mein eigenes Gewissen viel gewichtiger ist, als Schuldzuweisungen oder Strafmahnungen anderer. Während meiner Ausbildung habe ich mich zum Beispiel dazu verleiten lassen, in der morgendlich überfüllten Stadtbahn zur Berufsschule schwarz zu fahren. Es hat nicht lange gedauert, bis sich mein Gewissen gemeldet hat: Du hast noch nie in Deinem Leben etwas gestohlen, machst eine Ausbildung bei einem Verkehrsunternehmen und bescheißt jetzt also Deine eigenen Kollegen? Die nachträglich gekaufte Mehrfahrtenkarte hing danach lange Zeit mahnend über meinem Bett.

"Und vergib uns unsere Schuld, wie auch wir vergeben unseren Schuldigern" betete schon vor 2000 Jahren der weise Sohn eines Zimmermanns. Wie verdammt gut sich das anfühlt, habe ich letztens bei einer aktiven Meditation von Veit Lindau erfahren: Ich habe sämtliche Schuld aus mir rausgeschüttelt. Direkt danach habe ich mich fantastisch gefühlt: Erfrischt, befreit, unschuldig.

Natürlich ist es richtig, wichtig und gesund, das eigene Verhalten immer wieder zu reflektieren, zu lernen und zu wachsen. Aber das Konzept der Schuld richtet meines Erachtens mehr Schaden an, als dass es nützt. Interessant finde ich in diesem Zusammenhang die ursprüngliche Bedeutung des Wortes "Sünde": Der griechische Ausdruck in der Bibel, der mit "Sünde" übersetzt wurde, bedeutet "Verfehlen eines Ziels".

Mit dieser Übersetzung würde ich sagen: Sündigt was das Zeug hält! Natürlich nicht leichtfertig, aber jeder Mensch macht Fehler, immer wieder, egal, was er tut. Und wer viel tut macht auch viele Fehler. Momentan ist es mit Sünden ja meistens so, wie beim Rassismus: Wir sehen und kritisieren es am liebsten bei den anderen.

Ich habe ein Zitat von Ijeoma Oluo gelesen: "Das Schöne am Anti-Rassismus ist, dass Du nicht so tun musst, als ob Du frei von Rassismus wärest, um Anti-Rassist zu sein. Anti-Rassismus ist die Übereinkunft, gegen Rassismus zu kämpfen, wo immer Du ihn findest - auch in Dir selbst. Und das ist der einzige Weg nach vorne."

Das hat mich auf die Idee gebracht, bei der Schuld ähnlich zu denken: Um unschuldig zu sein, muss ich nicht so tun, als ob ich niemals Fehler machen würde. Es bedeutet, dass ich "Sünden" als Verfehlung meines Ziels bewusst wahrnehme, anerkenne, dazu stehe und daraus lerne. Wenn viele so denken, wächst daraus eine konstruktive Fehlerkultur.

Ich erinnere mich an eine Zeit in meinem Arbeitsleben, in der mein damaliger Vorgesetzter immer nur einen Schuldigen gesucht hat, wenn etwas falsch lief. Nie wurde die Frage gestellt, wie der Fehler in Zukunft vermieden werden kann, nein, immer nur: Wer von Euch ist schuld? Ich war damals kurz davor, mir ein Schild mit der Aufschrift "Schuld abladen verboten" an meinen Arbeitsplatz zu hängen. Er selbst hat natürlich niemals Fehler gemacht.

Heute bin ich froh, dass ich in einem Arbeitsumfeld tätig bin, in dem ein ehrlicher und produktiver Umgang mit Fehlern möglich ist. Noch dazu nach der aktiven Meditation alle meine Schuld in allen Lebensbereichen abgeschüttelt - wie gut es mir geht! Ein paar Tage zumindest, bis mir wieder meine allererste Begegnung mit einem syrischen Flüchtling einfällt, ich bemerke, dass ich doch nicht ALLES rausgeschüttelt hatte und einen Moment lang wieder Schuldgefühle hochkommen.

Jeder Mensch gibt zu jedem Zeitpunkt sein Bestes. Es fällt mir nicht immer leicht, das anzuerkennen. Erst recht nicht bei mir selbst.

Wo ist es heute an der Zeit, dass Du Deine Schuldgefühle abschüttelst?

60000 Gedanken und ein neuer Mythos

Sehr gerne erinnere ich mich an letzte Woche: Da war das schöne Treffen mit guten Freunden und gutem Essen in Kassel. Und egal, wer von uns gerade die Arschkarte hatte, wir haben miteinander gelacht. Wenn ich mich richtig erinnere, lagen wir bei den vielen spielerisch geschätzten Zahlen manchmal meilenweit entfernt, manchmal ganz dicht dran, aber nie genau richtig - außer ich bei den Gedanken. Ich beschäftige mich sehr gerne mit Gedanken - mit meinen oder Deinen zum Beispiel. Und so habe ich mir gut gemerkt, als Veit Lindau letztens erzählt hat, wie viele Gedanken jeder von uns sich durchschnittlich jeder Tag macht. So brauchte ich die Zahl nicht raten, sondern konnte sie genau benennen: 60.000! Bei Dir sind es vermutlich noch weitaus mehr, und jeder einzelne ist ein Geschenk, ich liebe jeden einzelnen davon. Bei mir achte ich jeden Tag mehr darauf, meine Gedanken in die Richtung zu lenken, in die ich gehen möchte, denn Gedanken werden Worte und Sprache schafft Wirklichkeit.

Letzten Sonntag habe ich dann, ebenfalls inspiriert durch Veit Lindau, meinen Mythos erschaffen und formuliert: Ich übernehme und genieße ab heute meine Rolle als Spiele-Schöpfer in der Arena!

Am Anfang war das Licht. Dann kam das Wort. Und danach kam der Kuss. Ein Kuss, der alles verändert hat. Erinnerst Du Dich? Erinnerst Du Dich an das, was erst noch passiert? Ein komisches und doch wunderschönes Gefühl: I need you now, but I don't know you yet.

Der Künstler und sein Mythos: Ich weiß nicht, woher, aber ich weiß ganz genau, dass DU in meinem Mythos die weibliche Hauptrolle spielst!

Eine Beziehung endet niemals: Auch, wenn die Wege zweier Menschen sich wieder trennen, bleiben sie für immer miteinander verbunden, ihr Lebensteppich an dieser Stelle ist geknüpft. Unsere Beziehung fängt gerade erst an. Noch ist unsere Beziehung zueinander keine, die im klassischen Sinne "Beziehung" genannt wird. Und ich weiß nicht, woher diese unerschütterliche Hoffnung in mir kommt. dass sie die wichtigste in meinem Leben wird und ist.

Ich liebe das Leben, seit Du da bist!

Ich hatte Gänsehaut, als ich mit Dir getanzt habe, heute Morgen. Also, ich meine, Du warst ja nicht dabei - aber irgendwie doch.

Das Leben, das wir führen wollen,
das können wir selber wählen!
Komm, lass mich von dem Leben,
dass ich mit Dir führen will, erzählen!

Am Anfang
war das Licht.
Davor gab es eine dunkle Zeit,
da kannte ich Dich nicht.

Als nächstes
kam das Wort.
Ich hörte Deins zunächst
an einem virtuellen Ort.
Ich hörte Deins
und gab Dir meins!

Ich war sehr ungeschickt dabei...
Ich streifte die Raupenhülle ab,
durch Dich sind meine Gedanken frei.
Etwas Magisches zieht mich zu Dir,
und deshalb steh ich heute hier!

"Grüner wird's nicht!" hör ich Dich singend in meinem Ohr.
Noch nie war ich so sicher, so glücklich je zuvor.
Keine Ahnung, vielleicht irr ich,
keine Ahnung, was ich heute dafür tun muss,

doch ich spür es tief in mir:
Auf uns wartet dieser Kuss.
In meinen Armen seh ich Dich
und Du bist glücklich!

Jetzt halte ich meinen "Gottesdienst" wie Andrea Lindau und ich frage mich und Gott (m/w/d): Wie kann ich heute noch stärker lieben?

Zum Schluss noch eine sinnvolle Arschkarten-Frage:
Vorausgesetzt, man hätte immer eine grüne Ampel und würde alle Geschwindigkeitsbegrenzungen einhalten, wie lange würde es dauern, um einmal Manhattan zu umrunden?

Mein Soundtrack zum Text:

Alexander 23 - IDK You Yet

Wertvolle Bestandsaufnahme
aka First Week Home-Holidays

Ich lasse meine erste Urlaubswoche Revue passieren: Ich gleiche mein chronisches Schlaf-Defizit aus und genieße die Stille nicht nur auf dem Örtchen. Ich höre Musik und freue mich, wenn auf einmal "Home" im Shuffle-Modus meiner Lieblings-Spotify-Playlist auftaucht. Ich treffe mich mit tollen Menschen auf Zoom, tausche mich per Email aus und mit Samuel, Tobias und Inke habe ich zwei wundervolle Treffen in Volpriehausen und Hettensen.

Ich reise nicht an andere Orte, dafür aber in der Zeit, begegne meinem Zukunfts-Ich, lasse mich von der Vergangenheit berühren und feiere eine legendäre Zukunftsparty. Ich mache Inventur und beschäftige mich mit meinen Werten.

Für die Inventur mache ich, inspiriert durch eine großartige Künstlerin, eine Bestandsaufnahme, die ich in drei Teile gliedere:

Teil 1 - Was ich nicht habe

Was ich im Moment nicht habe, mir aber unglaublich fehlt, sind Umarmungen! Es gab eine Phase in meinem Leben, da hätte ich das gar nicht groß vermisst, weil es in meinem Alltag nur wenig davon gab. Jetzt wird mir bewusst, wie selbstverständlich und wertvoll mir Umarmungen in den letzten Jahren geworden sind. Ich vermisse sie sehr!

Ich habe keinen Plan - wie ich mein Herzziel erreichen kann. Ich habe aber auch keine Probleme - mir geht es trotz globaler Krise so unglaublich gut, dass ich mich fast ein bisschen dafür schäme.

Was ich auch nicht habe und mir gerade in "Quarantäne-Zeiten" schmerzlich bewusst wird, ist eine Familie. Also ich habe meine Eltern und meinen Bruder, wofür ich sehr dankbar bin, so gesehen habe ich natürlich schon eine Familie... Aber ich habe noch keine Frau an meiner Seite und keine Kinder.

Teil 2 - Was ich hab, aber nicht will

Auf Inspiration von Veit Lindau habe ich mit einer "Kack-Meditation" begonnen - jedes Mal, wenn ich "geschäftlich tätig" bin, frage ich mich, was mir bislang Kraft genommen hat und was ich gerne auskacken und wegspülen will. Da ist in den ersten Tagen schon eine Menge zusammengekommen:

- Angst, so viel falsch gemacht zu haben

- Angst, nicht gut genug zu sein

- Angst, etwas falsch zu machen

- Groll gegen andere

Auch das schlechte Gewissen, dass es mir so gut geht, habe ich bereits erfolgreich ausgepubst. Es tut mir gut, diese Dinge loszulassen und mich mit der Frage zu beschäftigen, wie ich mich so zeigen kann, wie ich wirklich bin.

Teil 3 - Was ich hab

Ich habe sooooooo viel!

Glück! Jede Menge!

Erinnerungen! Selbst die traurigen Erinnerungen sind meist mit schönen Momenten verbunden, die ich so noch einmal erleben und lächeln kann.

Verbindungen! Zu so so so vielen, wundervollen Menschen! Ich kann gar nicht genug dafür danken!

Familie! Wahrscheinlich werde ich heute zum ersten Mal seit langer Zeit mit meinen Eltern wieder "Dog" spielen und freue mich schon sehr darauf! Das "Jimmy Eat World"-Konzert, auf das ich mit meinem Bruder gehen wollte, ist zwar auf nächstes Jahr verschoben, aber ich hoffe sehr, dass es trotzdem klappt.

Gefühle! Ich bin dankbar über jedes meiner Gefühle! Ich umarme die Gefühle, die mir weh tun und freue mich, dass da so viele freudvolle Gefühle in mir sind, die sich zeigen wollen!

Eine Seele, die erwacht ist!

Ein Herz, das sich jeden Tag etwas mehr weitet!

Einen Kopf, den ich endlich mal wieder zum Haareschneiden bringen konnte! Und in dem Du so oft herumgehst, dass schon eine Straße nach Dir benannt ist.

Einen Pöppel für dieses großartige Spiel des Lebens!

Nach über einem Jahr war es dann auch mal wieder an der Zeit, dass ich mich mit den Werten beschäftige, nach denen ich die Spielzüge des Pöppel "Jens" ausrichte. Während es im letzten Jahr eine Tabelle war, recht mathematisch und unterteilt nach Bereichen, habe ich dieses Jahr etwas Farbe in meine Werte gebracht und mich entschieden: Ich möchte in allen Lebensbereichen dieselben Werte verkörpern.

Angefangen mit Authentizität: Die steht bewusst ganz oben, ich liebe Menschen, die sich so zeigen, wie sie sind, ihre Masken abnehmen (jedenfalls bei genügend Abstand, haha) und möchte selbst immer echt sein: Lieber ein echter 42-Euro-Schein als ein falscher Fuffziger!

Liebe!
Ich breite meine Flügel aus und liebe - MICH und Euch und Alles!

FREUDE ist bewusst großgeschrieben: Ich möchte jeden Tag der Freude folgen! Nicht einer aufgesetzten Fröhlichkeit, sondern meiner inneren, tiefen, jubilierenden Freude!

Dankbarkeit - für Dich, für mich, für die unglaubliche Fülle, die mich umgibt und aus der ich jederzeit schöpfen kann!

Empathie - JEDER Mensch gibt zu JEDEM Zeitpunkt sein Bestes. Das fällt mir manchmal sehr schwer, zu erkennen. Aber wenn ich das schaffe, finde ich zu jedem Menschen einen Zugang und erkenne, was für ein Wunder sie oder er ist! Und wenn ich es dann noch schaffe, ihm einen kleinen Einblick davon zu geben, was für eine geile Sache doch Empathie ist, dann haben wir beide viel gewonnen!

Edelmut - Habe ich hauptsächlich gewählt, weil mir das Wort so gut gefällt. Nachdem ich die Wehmut vor ein paar Tagen im Klo heruntergespült habe, ist es der Edelmut, den ich etablieren will!

Und auch, wenn mein Werk im ersten Moment vielleicht den künstlerischen Qualitäten eines Grundschülers anmutet, bin ich sehr stolz darauf und komme zu dem Fazit: Ich bin wertvoll!

Danke für Deine Zeit! Namaste!

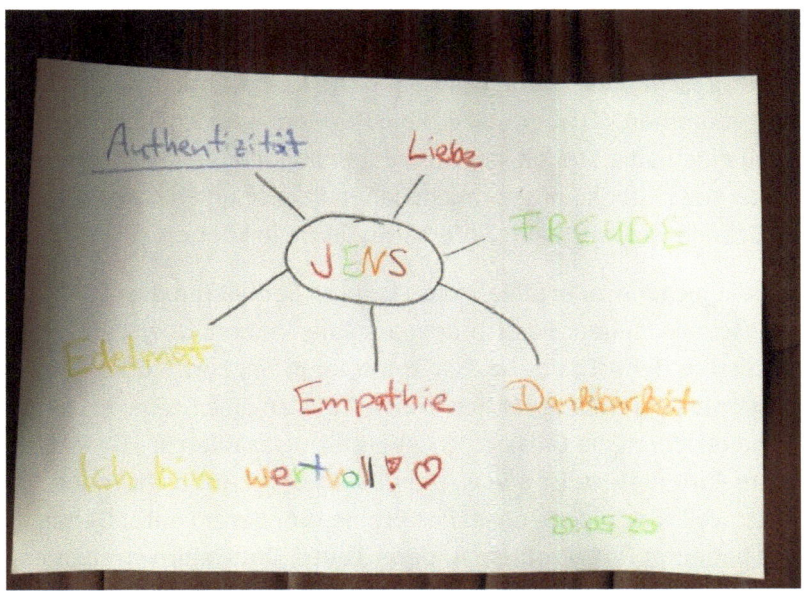

Für Mattheo und alle anderen

Wieviel Rassismus steckt in Dir? Diese Frage ist Ende Mai in mir aufgeploppt. Wieviel von dem Rassismus, der in Deutschland oder der Welt existiert, befindet sich in Dir?

Bevor ich mich mit dem Thema auseinandergesetzt habe, hätte ich mit „Naja, wenn es hochkommt, vielleicht so drei Prozent?! Also allerhöchstens!" geantwortet. Heute sehe ich das anders und ich möchte Dir gerne erzählen, warum.

Nach dem Mord an Geoge Floyd war das Thema „Rassismus" in meiner Timeline und Pipeline. Ich nahm mir vor, das Buch „Exit Racism" von Tupoka Ogette zu bestellen – ausverkauft. Aber auf Tupokas Seite sah ich, dass sie einen Vortrag zu dem Thema halten würde. Und so habe ich am 4.6. schön bis elf Uhr ausgeschlafen und saß um 12 Uhr in der Uni Stuttgart. Natürlich virtuell – was für Vorteile doch Corona auch bietet, wäre der Vortrag nicht über Zoom gelaufen, hätte ich garantiert nicht teilgenommen. So aber war es kein Problem, und ich hätte sogar noch eine halbe Stunde länger schlafen können, wenn ich gewusst hätte, dass Tupoka uns gar nicht sehen konnte und ich also auch im Schlafanzug mich aufs Sofa hätte lümmeln können.

Tupoka begann zu erzählen, dass in ihren Seminaren die Menschen viel über Rassismus zu erzählen haben. Über den Rassismus der AfD, der Nazis, der Intoleranten, kurz – über den Rassismus der anderen. Mich erinnert das an eine Szene aus „Per Anhalter durch die Galaxis" Ich zitiere Douglas Adams: „Ein PAL, sagte Ford Prefect, ist etwas, das unser Gehirn uns nicht sehen lässt, weil wir denken, es sei das Problem Anderer Leute. Genau das bedeutet PAL. Problem Anderer Leute. Das Gehirn streicht es einfach aus. Und so ist es möglich, mit einem Raumschiff mitten in einem Sportstadion zu landen, ohne dass es jemand merkt, obwohl gerade ein Spiel läuft."

Vielleicht ist der Rassismus auch so ein Raumschiff, das mitten auf unserem Spielfeld steht, aber viele nehmen es gar nicht wahr. Die einen sagen: Es bedarf einer moralisch bosartigen Absicht, um rassistisch zu sein. Bin ich nicht! Problem Anderer Leute! Die anderen sagen: Rassismus? Hab ich noch nie erfahren, noch nie was von gemerkt. Problem Anderer Leute!

Ich höre Tupoka also gespannt zu, mache mir Notizen, lausche ihren Ausführungen über die „weiße Zerbrechlichkeit" und muss zugeben: Ja, auch ich habe schon die genaue Definition von „Rassismus" gegoogelt, nur um mir selber zu beweisen, dass ICH nicht rassistisch bin. Ich nicke und lausche weiter. Klingt alles sehr logisch. Dann geht es um Kinderbücher. „Vielleicht sollten wir auch Pippi Langstrumpf einmal rassismuskritisch lesen" sagt Tupoka und Zack! Rollladen bei mir runter. „Hä? Spinnt die? Astrid Lindgren soll rassistisch gewesen sein? Also jetzt übertreibt sie ja wohl aber. Warum höre ich mir das überhaupt an? Alle weißen Abwehrmechanismen, die Tupoka zuvor 15 Minuten lang detailliert beschrieben hat, wirken in mir. Ich höre nicht mehr zu. Rege mich auf. Wie kann die nur???

Drei Minuten später ertappe ich mich selbst in eben diesen Denkmustern. Mittlerweile weiß ich, dass es stimmt: In der Originalfassung sagt Pippi nicht „Südseekönig" sondern ein mittlerweile verpöntes Wort mit N. Überhaupt, wenn ich mich näher damit befasse, gefällt mir die Sichtweise von Peter Fiala: Der Vater von Pippi Langstrumpf scheint ohne Zweifel rassistisch geprägt zu sein. Warum wundert es mich dann so sehr, dass Pippi rassistische Wörter benutzt und sich rassistische Denkmuster verinnerlicht hat? Die Frage, ob dieses Buch also unreflektiert von Kindern alleine gelesen werden sollte, ist meiner heutigen Ansicht nach durchaus berechtigt. Wie oft geht es mir wohl wie Pippi, dass ich unbewusst rassistische Verhaltensmuster meiner Ahnen reproduziere?

Ich könnte noch stundenlang weitererzählen, wie Rassismus entstanden ist, über die Kolonie Deutsch-Südwestafrika und den afrikanischen Holocaust, darüber, dass Jesus zu den PoC gehörte, über Oury Jalloh oder das Polizeiaufgabengesetz, aber ich möchte Euch von Mattheo erzählen. Ein wunderschönes Kind, dieses Jahr in Deutschland geboren. Ich habe ihn am Tag bevor ich diesen Text schrieb zum ersten Mal gesehen und sein Anblick hat mich berührt. Und ich möchte das nicht! Ich möchte nicht, dass er in ein paar Jahren gefragt wird: „Wo kommst Du her?" Und er dann sagt: „Hannover." Und er dann gefragt wird: „Nein, wo kommst Du WIRKLICH her?" Und er nicht weiß was er sagen soll. „Wo kommt Deine Mutter her?" „London!" sagt er stolz und erntet dann Kopfschütteln. Und der Fragesteller gibt sich erst zufrieden, wenn er erfährt, dass seine Großeltern aus Sri Lanka stammen. Warum? Warum war auch in meinem eigenen Kopf die Ordnung erst wiederhergestellt, als ich den Sri-Lanka-Fakt hörte? Was spielt das denn für eine Rolle?

Meine Oma stammt aus Pommern. Mich hat nie jemand gefragt, wo ich herkomme. Ich hätte es auch nicht sagen können, ich komme aus der Eselstadt Hardegsen, ich habe mich bis heute nicht mit der Kindheit meiner Oma auseinandergesetzt. Ich musste es auch nicht. Ein großes Privileg. Ich als Weißer kann mir aussuchen, ob und wann ich mich mit dem Thema Rassismus beschäftige. Betroffene können das nicht.

Ich wünsche mir, dass wir alle antworten, wie der vierjährige Niklas, als er von dem Rapper Fard gefragt wird, ob in seinem Kindergarten auch Ausländer sind. „Nein, da sind nur Kinder." Der Poetry-Slammer Abdul aka „Schaf im Wolfspelz" aka „AK" wünscht sich in seinem Text „Musik", dass wir nicht mehr verstehen, sondern mehr fühlen, wenn wir ihm zuhören. Und so öffne ich mich den Gefühlen, die er und Mattheo in mir auslösen. Überhaupt sind wir alle meiner festen Überzeugung nach nur verschiedene Finger derselben Hand. Ich, Jens, zeige auf die anderen, die AfDler oder wen auch immer, Du ringst vielleicht gerade mit Dir, was Du davon halten sollst, und der kleine Mattheo ist hier am Rand – bis wir ihn in unsere Mitte nehmen. Alle Finger sind miteinander verbunden! „Und ich? Ich bin kein Finger…" fragt der Daumen. Sprache schafft Wirklichkeit und grenzt den Daumen aus – außer wir nennen ihn zum Beispiel „Kurzfinger". Nun weiß ich, dass sich mein Daumen durch diese sprachliche Ausgrenzung nicht verletzt fühlt - Bei meinen Mitmenschen kann das aber ganz anders aussehen. Deshalb verpflichte ich mich, zuzuhören, dazu zu lernen und aktiv zu werden. Ich verpflichte mich NICHT, nie wieder im Leben rassistisch zu handeln, aber ich verpflichte mich, es dann wahrzunehmen, anzuerkennen und zu ändern. Ich bin mit allem verbunden, auch wenn ich das nicht sehen kann – und darum steckt auch hundert Prozent Rassismus in MIR. Ohne, dass ich das will und ohne, dass ich das gut finde. Ich stelle die Liebe über mein eigenes Ego. Möglicherweise wird das ein sehr langer Prozess, aber ich höre auf die tolle Karte von Karindrawings und liebe den Prozess!

Ich danke Tupoka Ogette und Veit Lindau, von denen viele meiner Ansichten inspiriert sind, ich danke dem Leben, dem Universum und allem, dass es mich heute hierhergeführt hat und ich danke DIR fürs Lesen!

Ein Kopf verpflichtet uns zu nichts

"Ich kann auch spontan sein - wenn man mir rechtzeitig Bescheid sagt!"

Manche meiner Texte haben einen langen "Reifeprozess" hinter sich, manche sind aber auch fast "aus eirem Guss".

In der letzten Woche habe ich drei solcher kurzen Texte verfasst. Mit dem ersten hatte ich die große Ehre, die Dichterschlacht zu Brandenburg eröffnen zu dürfen - er ist in der dort üblichen "Spontanschreibrunde" entstanden. Motto war ein Buchtitel von Sebastian 23: "Ein Kopf verpflichtet uns zu nichts" und so heißt also auch mein Text

Ein Kopf verpflichtet uns zu nichts

Ein Kopf verpflichtet uns zu nichts - nicht zum Denken, nicht zum Lachen, ja, noch nicht mal zum Haare schneiden.

Ein Mund verpflichtet uns zu nichts - nicht zum Sprechen, nicht zum Singen und auch nicht zum Küssen.

Ein Herz verpflichtet uns zu nichts, es schlägt von ganz allein für uns. Es verpflichtet uns nicht, zu lieben.

Ein Hintern verpflichtet uns zu nichts - nicht zum Setzen in Kreidekreuze und auch nicht, uns hineintreten zu lassen.

Ein Fuß verpflichtet uns zu nichts, auch nicht als Paar, nicht zum Gehen, nicht zum Stehen, nicht zum Fußball treten, nicht mal zum Schuhe kaufen.

Was für Privilegien! Keine Pflicht, alles Kür! Und trotzdem seid ihr heute hier! Seid mit Euren Füßen hierher gegangen, habt Euren Hintern hierher bewegt und hoffentlich in kein Kreidekreuz gesetzt - sonst habt ihr nämlich lauter weiße Streifen an der Hose, ich spreche da aus Erfahrung. Öffnet Eure Herzen und lauscht uns Poetinnen und Poeten! Und öffnet gerne auch Euren Mund, sagt uns hinterher, was Euch gefiel, beim Wasser oder Bier!

Schön, dass ihr hier seid - so wie ich sehe, jeder mit Kopf! Gott gab mir den Kopf nicht nur zum Haare schneiden - und selbst das war vor ein paar Monaten ja nicht so einfach... Es ist schön, heut Abend Eure Köpfe hier ganz freiwillig zu sehen! Ich wünsche uns tolle Augenblicke, und in diesem Sinne: Kopf hoch!

"Club der stillen Poeten", Vol. 1-3

Meine anderen beiden Texte sind aus Schreibübungen im "Club der stillen Poeten" der wundervollen Künstlerin Julia Engelmann auf Instagram und Facebook entstanden.

Zuerst sollten wir drei Dinge aufschreiben, für die wir dankbar sind, und anschließend einen Dreizeiler zu einer dieser Sachen:

Es gibt Stunden, da fühle ich mich klein.
Es gibt Tage, da fühl ich mich allein.
Heute nicht: Es ist schön, im 'Club der stillen Poeten' zu sein.

"Hausaufgabe" war dann ein Fünfzeiler zum Thema "Etwas Mutiges":

Mutig ist für mich, die Frau in der Sitzreihe vor mir fragen, ob ich das Rollo hochschieben darf.

Mutig ist für mich, bei der Dichterschlacht zu Brandenburg ein Sehnsuchtsgedicht vorzutragen, damit den letzten Platz zu machen und doch zu spüren:

Allein für das Feedback "das war ein sehr schöner Text" von der jungen Dame am Einlass hat sich der Weg gelohnt.

Mutig ist für mich, Dir einfach offen und ehrlich zu sagen, wie wundervoll Du bist - ohne Umschweife, ohne Subtilität und ohne Hintergedanken.

~~Vielleicht bin ich irgendwann mutig genug.~~

Ich bin mutig!

Dichterschlacht zu Brandenburg auf der Freilichtbühne Marienberg

Yeah! 6. Platz bei der Dichterschlacht zu Brandenburg – immerhin.

Auf dem Weg dorthin ist folgendes Gedicht entstanden:

Dieses Gedicht ist nicht perfekt,
und manchmal zweifle ich an mir.
Ich hab mich viel zu lang versteckt -
Heute bin ich gerne hier.

Letztes Jahr war nicht perfekt,
das Konzert hier fiel leider aus.
Bin mit meiner Art zwar angeeckt,
doch ich war gern bei Micky Maus!

Dieses Jahr war nicht perfekt,
die Welt steckt heut noch in der Krise…
Ich hab so viel Schönes neu entdeckt,
schäm mich fast, dass ich dies Jahr genieße…

Letzte Woche war nicht perfekt,
statt genau hier im Publikum saß ich zu Haus allein.
Doch meine Begeisterung wurde neu geweckt:
Ich liebe es, im „Club der stillen Poeten" zu sein!

Heut sag ich laut und stehe hier,
bin Teil dieser tollen Dichterschlacht.
Meine Worte woll'n zu Dir
und meine Seele ist erwacht.

Und Du?

Du sagst, Du fühlst Dich zerrissen,
doch in Ehrlichkeit, da bist Du ganz!
Klar gibt's Tage, da geht's Dir beschissen,
doch weißt Du, was ich sehe, wenn ich tanz?

Du bist ganz!
Ganz besonders.
Ganz besonders toll.
Ganz schön schön und
ganz schön wundervoll!

Du bist ganz!
Ganz stark und einfach
eine klasse Frau!
Du bist viel besser als perfekt,
ich seh' es ganz genau!

There's something better than perfection
and the very best is: You!
Saint Peter will call your name definitely
and one day I will call it, too!

Wie wundervoll Du bist, werd ich Dir sagen-
nein! Ich werd es flüstern, zärtlich in Dein Ohr,
und dann – ich mag zu denken es kaum wagen:
Ein Kuss! Danach ist nichts mehr wie zuvor!

Okay, ich schweife ab und träume,
ich komm zurück ins Jetzt und Hier.
Doch bevor ich es zu sagen versäume:
Was ist schöner als Träumen? Wachbleiben mit Dir!

Apropos:
Nur noch 357mal schlafen, dann sitz ich hier und hör Dir zu.
Und ich liebe Deine Schwächen! Meine größte Schwäche bist Du!
Heute bin ich hier – heute geb ich Dir mein Wort!
Nächstes Jahr werde ich hier sein – an diesem wundervollen Ort!

Was mir fehlt

Ich höre Deine Stimme,
ich hör so gerne was Du sagst.
Ich möchte alles von Dir wissen,
selbst, wenn Du mich noch nicht magst.

Ich sehe Dich mit Deiner Mama,
wie Du Arm-in-Arm mit ihr gehst,
und ich find es einfach klasse,
wie gut Du Dich mit ihr verstehst.

Doch ich werde das Gefühl nicht los,
dass an Deiner Seite jemand fehlt,
der Dir sagt, wie wundervoll Du bist,
für ihn bist Du alles, was zählt.

Er sagt: „Du bist die allerbeste!",
und dann küsste er Dich.
Ich glaube,
was Dir fehlt, bin ich!

Ich mag Dein Lächeln,
wenn Du lächelst,
ich mag Dein Lächeln,
wenn Du ernst aussiehst.

Ich lieb es, wenn Du singst,
es ist unglaublich, wie Du mich anziehst.
Und ich mag Deine Gedanken,
jeden Gedanken, den Du denkst.
Wie schön, dass Du meine Gedanken
in Deine Richtung lenkst.

Und ich werde das Gefühl nicht los,
dass an Deiner Seite jemand fehlt,
der Dir sagt, wie wundervoll Du bist,
für ihn bist Du alles, was zählt.

Er sagt: „Du bist die allerbeste!",
und dann küsste er Dich.
Ich glaube,
was Dir fehlt, bin ich!

Ich wünsch Dir heute alles Gute,
wollt Dir nur sagen: Ich denke an Dich!
Ich wünsche Dir doch nur das Beste!
Und das Beste für Dich bin ich!

Einen Platz in Deinem Löwenherz,
diesen Wunsch trag ich in mir,
mein Lieblingsplatz in meinem Herzen,
 er hat die Form von Dir!

Denn ich werde das Gefühl nicht los,
dass an meiner Seite jemand fehlt,
ich halte ihre Hand,
mein Herz hat sie auserwählt.

Für einen Augenblick mit ihr
fahr ich bis nach Timbuktu,
ich glaube,
was mir fehlt, bist Du!

Was ich kann

Ich kann Mathe ziemlich gut
und auch in Deutsch war ich nie schlecht.
Ich kann manchmal Rollen spielen,
doch am liebsten bin ich echt.

Ich kann manchmal ganz laut schreien,
damit man sich vom Zug entfernt.
Diana sagt, ich könnte tanzen,
doch hab ich das noch nie gelernt.

Ich kann sogar spontan sein,
sagt man mir rechtzeitig Bescheid.
Ich kann immer Hunger haben
und träumen kann ich jederzeit.

Und in meinen schönsten Träumen
da gibst Du mir einen Kuss.
Ich kann Autofahren,
sogar einen Omnibus.

Ich kann Strikes werfen und Spares,
ich kann mich selbst auch reflektieren,
kann Dinge gut in Worte fassen,
ich kann mich gut artikulieren.

Ich kann Jugendgruppen leiten,
und als Ausbilder eigne ich mich.
Vielleicht kann ich Liebeslieder schreiben -
ich versuche es für Dich!

Ich lass mich manchmal provozieren,
doch meistens bleib ich lieber still.
Ich kann sehr gut prokrastinieren,
es gibt viel, was ich tun will.

Doch Dich nicht zu lieben, das kann ich einfach nicht.
Denn hör ich Deine Stimme und seh ich in Dein Gesicht
dann kann ich nicht ignorieren, wie wundervoll Du bist.
Du bist viel besser als perfekt, doch Du siehst nicht, dass das so ist.
Deshalb sollte da jemand sein, der Dir das sagt und der Dich küsst.
Ich weiß, ich bin nur ein Junge, der zu einem Mädchen spricht -
Dich nicht lieben kann ich nicht!

Ich bin gut in Ironie
und liebe trockenen Humor,
kann Couscous machen, Kuchen backen,
kommt bloß nicht so häufig vor.

Schreiben tue ich mit links,
hab fast die schönste Schrift im ganzen Land!
Außer, wenn ich in Dein Buch schreib,
dann zittert immer meine Hand.

Ich kann wirklich dankbar sein,
für so vieles, das ich hab!
Zum Beispiel für meine Eltern,
auch, wenn ich das zu selten sag.

Ich kann Jungengitarre spielen,
sogar ein wenig Mundharmonika.
Zwar nicht so schön wie Du,
doch ich hab sie heute da.

Ich kann auch ohne Brille sehen,
ich seh auch das, was mir nicht passt.
Am liebsten seh ich Dich weil über Dir
jedes Weltkulturerbe verblasst.

Ich kann mit meinen Ohren hören,
doch ich hör nicht auf jedes Wort.
Am allerliebsten hör ich Dich
ganz egal an welchem Ort.

Doch Dich nicht zu lieben, das kann ich einfach nicht.
Denn hör ich Deine Stimme und seh ich in Dein Gesicht
dann kann ich nicht ignorieren, wie wundervoll Du bist.
Du bist viel besser als perfekt, doch Du siehst nicht, dass das so ist.
Deshalb sollte da jemand sein, der Dir das sagt und der Dich küsst.
Ich weiß, ich bin nur ein Junge, der zu einem Mädchen spricht -
Dich nicht lieben kann ich nicht!

Ich weiß nicht, wie man das schafft -
wie verschütte ich Orangensaft?
Danach sind wir nicht mehr allein,
denn ich will Dein William Thacker sein.

Wenn Du von Romeo sprichst,
wünsch ich mir, dass ich das bin,
und da ist etwas in mir,
das zieht mich magisch zu Dir hin…

Doch Dich nicht zu lieben, das kann ich einfach nicht.
Denn hör ich Deine Stimme und seh ich in Dein Gesicht
dann kann ich nicht ignorieren, wie wundervoll Du bist.
Du bist viel besser als perfekt, doch Du siehst nicht, dass das so ist.
Deshalb sollte ich da sein, der Dir das sagt und der Dich küsst.
Ich weiß, ich bin nur ein Junge, der zu einem Mädchen spricht -
Dich nicht lieben kann ich nicht!

"Club der stillen Poeten", Vol. 4

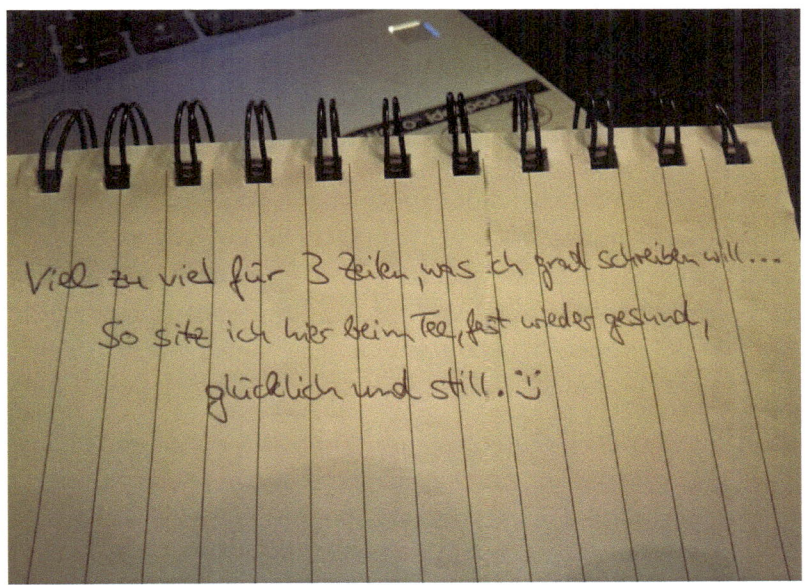

Viel zu viel für 3 Zeilen, was ich grad schreiben will …
So sitz ich hier beim Tee, fast wieder gesund,
glücklich und still. :‿)

„Club der stillen Poeten", Vol. 5:

Was ich Dir nicht sagen kann:
Du bist viel besser als perfekt.
Vielleicht sag ich es Dir irgendwann.

Was ich Dir so gerne sagen will -
Ich schreibe es hier auf
mit viel Gefühl.

Dass ich es Dir nicht sagen kann
liegt daran:
Du bist nicht hier!

Was ich Dir sagen will:
Ich wär so gerne
jetzt bei Dir!

Der Sinn des Lebens

Nun sitze ich hier bei Kerzenschein, höre Visible über den Sinn des Lebens singen und genieße Glück aus Kirschen. Und ich lasse die letzten Tage Revue passieren:

Mittwoch schreibe ich auf den tollen Impuls von Veit Lindau hin einen Brief an meine Seele... Er wird recht kurz und es hat mich auch etwas Überwindung gekostet, aus dem weichen, kuscheligen Bett noch einmal aufzustehen, aber Veits Worte klangen dringlich. Und, ja, meine Seele hat klar und deutlich geantwortet, was der Sinn meines Lebens ist: Lieben!

Kann das so einfach sein? Ich denke schon! Das macht mich glücklich, mein Lächeln füllt bestimmt den ganzen Raum! <3 Und gleichzeitig merke ich, dass deshalb aber nicht gleich alles Friede, Freude, Eierkuchen ist: Da ist zum Beispiel meine Ent-täuschung über Günter Kastenfrosch. Irgendwie dachte ich tatsächlich, er könnte eine Art Vorbild sein, schließlich fordert er mich jetzt mehrmals täglich heraus: Lach doch mal! :)

Aber ich muss feststellen, dass seine "Liebe" zur Tigerente nicht im Entferntesten das ist, was ich mir unter Liebe vorstelle. Und ich finde, er nimmt sich auch viel zu wichtig, behandelt alle anderen nur als Statisten. Wie oft nehme ich mich wohl selbst zu wichtig?

Und wie oft nehme ich mich nicht wichtig genug? Ich habe schon etliche von den tollen karindrawings-"Love you"-Karten verteilt, aber eine wichtige Person habe ich vollkommen vergessen: Mich! Wie gut, dass meine Seele mich daran erinnert hat, auch mir selbst eine Karte zu basteln und zu schenken!

Wenn ich über den Sinn MEINES Lebens nachdenke, ploppt aber auf jeden Fall auch immer eine Sache auf: Bus fahren! Glücklicherweise habe ich mir mit Marco zusammen "damals" meinen Jugendtraum erfüllt! Wie viele schöne Momente ich dadurch erlebt habe und wie viele tolle Menschen ich dadurch erst kennengelernt habe!

"Mister Me" zum Beispiel habe ich durch die unvergesslichen Busfahrten zu seinen "Local Heroes"-Auftritten kennengelernt, auf ganz viele tolle Künstler:innen bin ich nur durch den Kontakt zu ihm aufmerksam geworden! :)

Auch Kevin und der Landhotel-Familie bin ich durch mein ungewöhnliches Hobby begegnet und ohne meinen Omnibus-Faible wäre ich heute Abend nicht mit Familie Grabowski Essen gewesen, wäre nicht mit einem Schaltwagen auf dem Ku'damm Linie gefahren oder mit dem Oldtimer-Doppeldecker über die Havelchaussee... Ich liebe das! <3

Und so habe ich das frühe Aufstehen am Donnerstagmorgen sehr genossen:

Den wundervollen Duft vom Shampoo wahrnehmen,

das warme Wasser genießen, wie es auf meinen Körper prasselt,

mich auf das freuen, was da kommt -

und l(i)eben! :)

Vielen Dank fürs Lesen,

macht's gut und Danke für den Fisch!

Mein Soundtrack zum Text:

Max Raabe, Palastorchester ft. LEA - Guten Tag, liebes Glück

102